本书为湖北科技学院校级创新科研团队项目《元宇宙与传媒发展研究》（编号2022T06）研究成果。

全媒体时代媒介传播的困境与对策研究

高　超／著

重庆大学出版社

图书在版编目(CIP)数据

全媒体时代媒介传播的困境与对策研究／高超著
. --重庆:重庆大学出版社,2024.4
ISBN 978-7-5689-3781-8

Ⅰ.①全… Ⅱ.①高… Ⅲ.①传播媒介—研究—中国
Ⅳ.①G219.2

中国国家版本馆 CIP 数据核字(2023)第 212560 号

全媒体时代媒介传播的困境与对策研究
QUANMEITI SHIDAI MEIJIE CHUANBO DE KUNJING YU DUICE YANJIU

高 超 著
策划编辑:唐启秀
责任编辑:夏 宇 版式设计:唐启秀
责任校对:邹 忌 责任印制:张 策
*
重庆大学出版社出版发行
出版人:陈晓阳
社址:重庆市沙坪坝区大学城西路 21 号
邮编:401331
电话:(023) 88617190 88617185(中小学)
传真:(023) 88617186 88617166
网址:http://www.cqup.com.cn
邮箱:fxk@cqup.com.cn(营销中心)
全国新华书店经销
重庆市正前方彩色印刷有限公司印刷
*
开本:720mm×1020mm 1/16 印张:10 字数:165千
2024 年 4 月第 1 版 2024 年 4 月第 1 次印刷
ISBN 978-7-5689-3781-8 定价:58.00 元

自　序

在中国共产党第二十次全国代表大会上,习近平总书记提出要坚持马克思主义在意识形态领域指导地位的根本制度,坚持为人民服务、为社会主义服务,坚持百花齐放、百家争鸣,坚持创造性转化、创新性发展,以社会主义核心价值观为引领,发展社会主义先进文化,弘扬革命文化,传承中华优秀传统文化,满足人民日益增长的精神文化需求,巩固全党全国各族人民团结奋斗的共同思想基础,不断提升国家文化软实力和中华文化影响力。这就为如何做好新时代新闻工作提出了一系列明确要求,为新时代中国特色社会主义新闻事业擘画了发展蓝图,指明了前进方向。

随着社会的发展和科技的进步,我国新闻事业获得了前所未有的巨大发展,新闻媒体渗入人们生活的方方面面,正在成为人们认知外部环境和构建价值体系的重要依据,可以说新时代新闻媒体在人们的生活中发挥着越来越重要的作用,而其承担的社会责任也越发重大。媒体的社会责任并不是一成不变的,它会随着社会大众需求的变化而变化。它与媒介生态环境密切相关,随着媒介生态环境的变化,媒体所履行的社会责任也呈现出不同的特点,如果不注重当前的媒介生态环境,媒体所履行的社会责任就有可能出现与现实社会的不协调,而当前媒介生态环境中存在的极少数不平衡性因素也可能造成媒体社会责任的部分缺失。针对目前我国新闻传播活动中出现的部分问题,本书将媒体社会责任部分缺失的问题放在我国媒介生态的视阈下进行考察,这也成为本书研究探索的出发点。

用生态学的原理与方法来研究媒介现象和传播问题,被传播学者认为是现有社会学科研究方法中行之有效的一种方法,鉴于媒介生态与媒体履行社会责任之间密切的关系,本书将现阶段媒体社会责任部分缺失的问题置于我国媒介生态的背景中,运用媒介生态的基本理论对其进行较为系统全面的考察和剖析。

本书首先探讨了媒介生态以及媒介生态中政治、经济、文化和技术等要素与媒体社会责任担当的关系,经过研究发现它们之间通过相互博弈与作用,建立起一种密切的联系,从媒介生态的视角对媒体社会责任进行研究也要讲求一种相对的平衡。随后笔者分析了现阶段我国媒介生态的基本特征,以及在新时代媒介生态环境下媒体应该履行的社会责任,在此基础上,本书研究了现阶段我国媒体履行社会责任中存在的问题——有偿新闻、新闻敲诈、虚假新闻、新闻炒作、传播内容低俗化、刊播不良商业广告等。本书对造成媒体社会责任部分缺失的缘由从内部原因和外部制约因素两方面进行了分析,随后对媒体履行社会责任的内部环境及外部环境进行了思考。近年来,随着互联网的发展,元宇宙被越来越多地提及,本书对元宇宙发展的生态及面临的困境进行了探讨。笔者认为现阶段媒体更好地履行社会责任需要从媒介内部环境和媒介外部环境两方面着手,从媒介内部环境考察,新闻媒体应该更加重视自身的战略管理、完善媒体的机制管理以及加强媒体的人员管理,以促进媒体内部的良性发展;从媒介外部环境考察,理顺媒体经济运行机制以及加强来自外部的监督等措施都有助于媒体在新时期更好地履行自身的社会责任。希望这些可行性的解决方法能够有助于我国媒体更好地担当起新时代的社会责任,并为媒体和社会的良性发展提供一些参考。

目　录

1　几个关键问题的厘清 ················· 1

　　1.1　选题的缘由与价值 ················· 1

　　1.2　几个基本概念的界定 ················· 3

　　　　1.2.1　媒体社会责任 ················· 3

　　　　1.2.2　媒介生态 ················· 5

　　　　1.2.3　媒介、媒体、传媒 ················· 8

　　1.3　主要的理论资源 ················· 9

　　　　1.3.1　媒介生态系统结构 ················· 9

　　　　1.3.2　媒体社会责任的理论依据 ················· 11

　　　　1.3.3　我国主流媒体的社会责任 ················· 13

　　1.4　研究综述 ················· 16

　　　　1.4.1　对媒介生态学的研究综述 ················· 16

　　　　1.4.2　对媒体社会责任的研究综述 ················· 19

　　1.5　研究方法 ················· 25

　　　　1.5.1　文献分析法 ················· 26

　　　　1.5.2　历史研究法 ················· 26

　　　　1.5.3　案例分析法 ················· 27

　　1.6　内容框架 ················· 27

2　媒介生态和媒体社会责任担当的关系 ················· 30

　　2.1　媒介生态理论与媒体社会责任理论的关联 ················· 30

　　2.2　媒介生态因素与媒体社会责任担当的关系 ················· 33

　　　　2.2.1　政治生态因素与媒体社会责任担当 ················· 33

　　　　2.2.2　经济生态因素与媒体社会责任担当 ················· 35

    2.2.3 文化生态因素与媒体社会责任担当 ⋯⋯⋯⋯⋯⋯ 37

    2.2.4 技术生态因素与媒体社会责任担当 ⋯⋯⋯⋯⋯⋯ 39

  2.3 小结 ⋯⋯⋯⋯⋯⋯ 42

3 现阶段媒介生态对我国媒体履行社会责任的影响 ⋯⋯⋯⋯⋯⋯ 45

  3.1 我国媒体履行社会责任的历史状况 ⋯⋯⋯⋯⋯⋯ 45

  3.2 现阶段我国媒介生态的特征 ⋯⋯⋯⋯⋯⋯ 48

    3.2.1 政治生态——国家治理现代化的提出 ⋯⋯⋯⋯⋯⋯ 48

    3.2.2 经济生态——市场经济的深化发展 ⋯⋯⋯⋯⋯⋯ 50

    3.2.3 文化生态——多元文化的形成 ⋯⋯⋯⋯⋯⋯ 52

    3.2.4 技术生态——技术的日新月异 ⋯⋯⋯⋯⋯⋯ 54

  3.3 现阶段媒介生态环境下媒体的社会责任 ⋯⋯⋯⋯⋯⋯ 56

    3.3.1 满足受众需求 ⋯⋯⋯⋯⋯⋯ 57

    3.3.2 传递党的声音 ⋯⋯⋯⋯⋯⋯ 58

    3.3.3 讲好中国故事 ⋯⋯⋯⋯⋯⋯ 59

    3.3.4 维护公序良俗 ⋯⋯⋯⋯⋯⋯ 60

  3.4 小结 ⋯⋯⋯⋯⋯⋯ 62

4 元宇宙时代的媒介发展及生态 ⋯⋯⋯⋯⋯⋯ 65

  4.1 Web 1.0 阶段的媒介特征及生态 ⋯⋯⋯⋯⋯⋯ 65

  4.2 Web 2.0 阶段的媒介特征及生态 ⋯⋯⋯⋯⋯⋯ 65

  4.3 元宇宙发展阶段的媒介特征及生态 ⋯⋯⋯⋯⋯⋯ 66

    4.3.1 元宇宙发展阶段的媒介特征 ⋯⋯⋯⋯⋯⋯ 68

    4.3.2 元宇宙发展阶段的媒介生态 ⋯⋯⋯⋯⋯⋯ 69

  4.4 元宇宙的发展及困境 ⋯⋯⋯⋯⋯⋯ 74

    4.4.1 元宇宙的未来发展 ⋯⋯⋯⋯⋯⋯ 74

    4.4.2 元宇宙的发展困境 ⋯⋯⋯⋯⋯⋯ 77

  4.5 小结 ⋯⋯⋯⋯⋯⋯ 80

5 我国媒体履行社会责任中的问题分析 ………… 81

  5.1 媒体服务受众中的信息缺位 ………………… 81

    5.1.1 有偿新闻、虚假新闻泛滥 ……………… 82

    5.1.2 内容琐碎无聊 ………………………… 84

  5.2 媒体舆论监督中的行为失范 ………………… 85

    5.2.1 舆论监督有待加强 ……………………… 85

    5.2.2 网络舆论暴力不断 ……………………… 86

  5.3 媒体维护公序良俗中的传播错位 …………… 87

    5.3.1 低俗之风盛行 ………………………… 88

    5.3.2 人文关怀缺乏 ………………………… 90

  5.4 小结 ………………………………………… 91

6 现阶段媒体社会责任缺失的原因分析 ………… 92

  6.1 媒体社会责任缺失的内部原因 ……………… 92

    6.1.1 媒体战略管理错位 ……………………… 93

    6.1.2 媒体人员管理疏松 ……………………… 97

    6.1.3 媒体机制管理不健全 …………………… 100

  6.2 媒体履行社会责任的外部制约因素 ………… 104

    6.2.1 政府角色转型有待进一步推进 ………… 105

    6.2.2 过分商业化导致媒体公共性消解 ……… 106

    6.2.3 多元文化与媒体履责相互影响 ………… 108

    6.2.4 技术进步中机遇与挑战并存 …………… 110

  6.3 小结 ………………………………………… 111

7 对媒体履行社会责任的思考 …………………… 113

  7.1 对媒体履行社会责任内部环境的思考 ……… 114

    7.1.1 重视媒体的战略管理 …………………… 114

7.1.2 完善媒体的机制管理 ························· 117

7.1.3 加强媒体的人员管理 ························· 120

7.2 对媒体履行社会责任外部环境的思考 ················ 124

7.2.1 坚持中国特色社会主义政治发展道路 ············· 124

7.2.2 理顺媒体经济运行机制 ······················ 127

7.2.3 加强来自外部的监督 ························· 128

7.3 小结 ·· 131

8 结论 ·· 134

参考文献 ··· 142

1 几个关键问题的厘清

1.1 选题的缘由与价值

　　媒介生态是社会大环境中各种要素与媒介之间的关联以及由此产生的相对平衡的状态,并随着社会的发展而不断调整变化,以维持内部的相对平衡。近年来,随着我国社会的快速发展,互联网+、5G 通信等科技手段创新,我国媒介生态环境产生了一系列的变化,政治、经济、文化、技术等媒介生态因素都在急剧地变革,社会中人的主观能动性越发受到重视,不同的行为方式、生活方式、价值体系导致多元化价值观之间的相互冲突和碰撞,市场经济发展中不同的利益集团以自身的利益最大化为追求目标,人们的表达也变得更为迫切甚至是非理性。尤其是随着网络新媒介的迅速发展,以短视频、上热搜等方式来表达民众意见和言论变得越来越简单化、迅捷化,一些不理性、不和谐的声音时有出现。

　　媒介生态环境的这种变化是迅猛而激烈的,在这种变化之中,人们对媒体的依赖程度不断增强,这意味着媒体将肩负更为重要的社会责任,而这种责任必然是全新的,是与时俱进的,是与现阶段媒介生态相契合的,这样才能维持媒介生态系统的平衡甚至是整个社会的平衡。反之,如果媒体履行的责任是一成不变的,不能适应当今的媒介生态环境变化,那其所履行的责任也就不能称之为责任,因为它已经不能再对社会和受众负责。

　　现阶段,我国仍有少数媒体存在部分社会责任缺失的状况,没有用变化的眼光看待问题,没有及时进行自我调整,其社会责任的履行状况已经不能再适应新时代的媒介生态环境。当虚假新闻一再欺骗你的眼睛,当低俗信息充斥着你的生活,当记者报道"有偿新闻"而忽视了民众甚至国家的利益,当重大新闻发生后你却迷失方向雾里看花……这些问题都指向同一方向:个别媒体社会责任的部分缺失。而这些现象也引起了社会对媒体的广泛关注,促使人们包括媒体从业人员重视、反思媒体的社会责任问题。正是基于对以上困惑的思考,本书试图对我国媒体社会责任缺失这一论题进行研究和探讨。

鉴于媒体社会责任与媒介生态之间的密切联系,本书将媒体社会责任部分缺失的问题放在我国媒介生态的视阈下进行研究。在探讨了媒介生态与媒体社会责任的密切关联之后,笔者试图对现阶段我国媒介生态的特征以及媒体所承担的社会责任进行分析。在此基础上,本书探讨了我国媒体履行社会责任中存在的问题,以及造成现阶段媒体社会责任缺失的主要原因,随后对媒体履行社会责任的内部环境及外部环境进行了思考,希望能够寻找到有助于媒体更好履行社会责任的方法。

综观我国目前对媒体社会责任缺失问题的相关研究,虽然研究数量和研究成果快速增加,但该研究的系统和体系还不尽完善。目前,许多学者着眼于我国媒体社会责任缺失的问题本身,或从社会热点事件和现象着手探讨媒体社会责任缺失的原因和解决方法,或从某个或某类媒体着手探讨如何有效地防止媒体社会责任缺失、更好地承担起自身责任,或从我国媒体社会责任缺失的现状谈起,寻求解决问题的思路和方法……这些研究大都关注新闻报道本身或具体案例,忽略了媒体社会责任的本质以及媒介生态环境的变化对媒体履行社会责任提出的新要求,在理论层面的论述广度和深度不够,研究的系统性和完整性还相对不足。因此,这就使得我国媒体社会责任研究具有较大的开拓和创新空间。

从理论层面来看,本书试图提出现阶段媒介生态环境下我国媒体的主要社会责任,并对媒体如何更好地履行这些社会责任提出建议。本书在论述中一改以往部分研究中以新闻实践为切入点的视角,而是将中国媒体社会责任缺失问题的研究置于我国媒介生态的视阈下进行考察,这就为媒介现象和传播问题的研究提供了一种理论框架和有益的研究思路。笔者在现阶段新的媒介生态环境中对媒体的社会责任进行了多维度透视和分析,提出新时期我国媒体的社会责任主要体现在满足受众需求、传递党的声音、讲好中国故事及维护公序良俗等方面,并主张从媒体履行社会责任的内部环境和外部环境两个方面、多个角度寻求解决问题的方法,希望能够抛砖引玉,为相关研究者带来更多的思考和启示。

从实践层面来看,希望本书的研究对促进媒体良性发展起到部分推动作用。在媒介生态视阈下探讨我国媒体社会责任缺失的问题,能够更加清晰地认知媒介生态环境与媒体履行社会责任之间的关系,透视出当代中国媒体履行社会责任的现状和困境,从而引发人们对媒体履行社会责任问题的重视,推进我国媒体的发展和各项改革。此外,本书的研究对我国媒体社会责任缺失的现象和原因进行了较为深入的分析,这有助于强化新时期新闻工作者的政治意识、大局意识、核心意识、看齐意识、责任意识、担当意识,使其在实践中更加自觉地履行社会责任,提升新闻传播能力和新闻报道水平。

1.2　几个基本概念的界定

1.2.1　媒体社会责任

媒体社会责任理论始于西方对新闻自由问题的争议和讨论。1644 年,约翰·弥尔顿发表《论出版自由》,拉开了自由主义理论的序幕。经过几个世纪的发展,弥尔顿的思想逐渐被世人所接受,并发展为西方新闻界乃至西方社会的主导性理念。

19 世纪后,随着资本主义的巩固和发展,近代报业逐步向现代报业过渡,以往的政党报纸转为面向大众发行,报纸间的竞争日趋激烈。为了吸引受众眼球,报纸中"黄色新闻"泛滥,报道日益煽情化、刺激化和浅薄化,在这种情况下,人们开始对传统的自由理论进行反思,新闻界的责任意识萌发。这一时期的报业大亨约瑟夫·普利策曾经将国家比作一艘船,将新闻记者比作站立在船桥上的瞭望者,他认为新闻记者应该及时、准确地预报信息,提出警告,以便协助国家这艘大船平稳、顺利抵达彼岸。普利策将新闻记者的责任提升到如此高度,可见其对媒体责任意识的重视。

媒体责任意识作为一种理论和原则被正式提出,是在美国新闻自由委员会1947 年发表的题为《一个自由而负责的新闻界》的研究报告中。该报告开篇就提出,新闻自由处在危险之中,"如果一种对所有的人都具有头等重要性的工具仅仅供少数人使用,且不能提供人们所需要的服务,那么此时,利用那种工具的少数人的自由就处于危险之中了"①。在此基础上,美国新闻自由委员会提出了社会对新闻机构的要求,分析了新闻机构的不佳表现并考察了新闻界自律的可能性,最后提出从政府、新闻界和公众三个角度去协助、督促媒体承担社会责任。报告中阐释了自由与责任的关系,被看作是研究社会责任论的开山之作,从根本上奠定了社会责任论的理论基础。20世纪80年代,《负责的新闻业》一书出版,该书较为全面地阐释了媒体社会责任的观点。经过多年的发展,媒体社会责任的理念影响着世界各国新闻媒体的研究和发展。

我国新闻学界和业界对媒体承担社会责任一直是认可和践行的。20世纪80年代,随着改革开放的深入,众多学者开始对媒体社会责任进行研究,经过几十年的发展,社会责任理论研究越来越受到重视,人们越来越强烈地认识到媒体社会责任与社会的和谐发展有着密不可分的联系。

本书在展开论述之前,先要对媒体社会责任的概念进行基本界定。在《现代汉语词典》中,"媒"的基本释义有两种:一是指男女婚事撮合者;二是指使双方(人或事物)发生关系的人或事物。显然,媒体中的"媒"取义第二种。"媒"作为一种使双方发生关系的人或事物,很早就出现在我国古代典籍中,如在《周礼·媒氏注》中有"媒,谋合异类使和成者"的论述,枚乘的《七发》中也曾谈到"洞房清宫,命曰寒热之媒",其中"媒"的含义就是指媒介。

《辞海》中媒体有两个概念:一是包括报刊、电视、广播在内的各种宣传机构;二是指记录数据的材料或者它的某种形式的制成品。从广义的角度来讲,媒体包含的范围是十分广阔的,可记录数据的事件、物体、组织等都可以称为媒体;从狭义的角度来讲,媒体是指以报纸、杂志、广播、电视、网络为代表的大众传播媒介②。它们随着时代的进步迅猛地发展,已经在我们的生活中占有越来越重要的位置。

从传播学角度来理解"媒体"一词,首先是指一种工具,其次强调媒体只能给传播者使用。因此,本书中所论述的媒体指的是狭义的媒体概念,即以广播、报纸、电视为代表的三大传统媒体和以网络为代表的新媒体等大众传媒。

---

① 新闻自由委员会.一个自由而负责的新闻界[M].展江,王征,王涛,译.北京:中国人民大学出版社,2004:2-3.

② 钟以谦.媒体与广告[M].北京:中国人民大学出版社,2001:29.

再来界定"社会责任"。在《新唐书·王珪薛收等传赞》中有这样的语句："观太宗之责任也,谋斯从,言斯听,才斯奋,洞然不疑",可见"责任"一词很早就出现在我国古代汉语中。现代汉语中对"责任"一词的解释有三层意思:一是指应尽的职责、分内应该做的事;二是指未尽职责时所要承担的不利后果;三是指法律、道义及承诺等方面使人担当的某种义务和责任。

从哲学的因果联系来看,责任是享有权利和义务的前提条件,社会中的每个人在享有权利的同时都应该承担相应的责任。从这种意义上讲,责任是指应尽的职责、分内应该做的事。

"一般意义上讲,责任就是人们应履行的相关义务或要求。按责任主体划分可分为个人责任和集体责任;按责任所涉及的范围可分为社会责任和自我责任;按责任主体行为的性质可分为形式责任与实质责任,等等。"[①]本书侧重研究社会责任,即从社会范畴来考察媒体所应履行的相关义务或要求。

综上所述,按照词典的解释,媒体社会责任即为以报纸、杂志、广播、电视、网络为代表的大众传播媒介在社会中应履行的相关义务或要求。我国学者江波在《媒体社会责任的体现及约束》一文中定义了媒体社会责任,他指出,"媒体社会责任是指新闻媒体及其从业人员在新闻传播活动中必须履行的对社会安定、国家安全和公众心智健康所承担的法律、道德等公共责任和社会义务"[②]。

1.2.2 媒介生态

回望西方媒介生态的历史,其学科的相关研究可以追溯到20世纪初的北美。刘易斯·芒福德在《技术与文明》一书中对技术的发展进行了历史总结,他认为人们要在危机重重的技术文明中生存下去,必须回归生命技术。虽然他没有具体论及媒介,但是这种思维方式直接成为西方媒介生态理论的思想来源[③]。因此,西方媒介生态学的研究肇始于刘易斯·芒福德,可以说他是媒介生态学研究的奠基者之一。另一位奠基人哈罗德·伊尼斯在其代表作《传播的偏向》和《帝国与传播》中,揭示了媒介的时间与空间偏倚性问题,提出要保持媒介的时间偏倚和空间偏倚的平衡,这是一种平衡、和谐的生态学思想。

---

① 田秀云,白臣.当代社会责任伦理[M].北京:人民出版社,2008:3.
② 江波.媒体社会责任的体现及约束[J].新闻研究导刊,2006(3):12-14,31.
③ 单波,王冰.西方媒介生态理论的发展及其理论价值与问题[J].新闻与传播研究,2006,13(3):2-13,93.

　　西方"媒介生态"的提出,则是20世纪60年代由加拿大学者马歇尔·麦克卢汉完成的。麦克卢汉在其相关经典著作《古登堡银河系》《理解媒介:论人的延伸》中,始终将人体作为生态系统中的重要一环,把媒介隐喻为生命肌体,并提出了"媒介就是环境"的论断。麦克卢汉也因此成为媒介生态学中承前启后的重要人物。

　　1968年,尼尔·波兹曼在以《革新的英语课程》为题发表的演讲中,首次公开介绍了"媒介生态"一词。他认为媒介生态是以"人"为中心,将媒介作为环绕于人生活中的环境来研究,不同媒介的性质和特点各有不同,他对人类所产生的影响也是有区别的。可以说,西方媒介生态学关注的重心是媒介所构建的环境对人类的作用和影响,因此西方媒介生态的研究带有人文关怀的特点,是以宏观的视角更多地关注社会现实。

　　随后,约舒亚·梅罗维茨通过研究电视这种电子媒介对个人社会角色转变、个人身份等因素的影响,论证了媒介本身如何成为一种环境。《传播生态学:控制的文化范式》是国内最早翻译的传播生态学理论的专著,作者大卫·阿什德从媒介对受众多方面的影响着手,探讨了社会控制是如何实现、如何松解的。

　　通过在中国知网的搜索,现阶段查阅到我国关于媒介生态的最早研究是1996年尹鸿教授发表的《电视媒介:被忽略的生态环境——谈文化媒介生态意识》,他在文中提出要在人与媒介之间保持和谐互动的关系,由此可见他更多的是关注了"人"的因素,其媒介生态的观点可以说与北美媒介生态的观点是非常相似的,但是由于各种原因的制约,这篇文章并没有引起当时社会对媒介生态论题的过多关注。

　　2001年,邵培仁教授在《新闻大学》上发表《论媒介生态的五大观念》,随后又在《新闻界》上发表了《传播生态规律与媒介生存策略》,这两篇文章借鉴了生态学的一系列概念和理论,阐述和论证了媒介生态的五大观念以及媒介生态的五大规律。这些研究以"媒介"为中心,探讨外部各种环境以及内部各种因素对媒介生产、经营及发展所产生的影响,这与西方媒介生态学研究中以"人"为中心的研究有着迥然的差异。可以说,邵培仁教授的研究是基于我国现实基础上对媒介生态研究的一种创新和独特视角,甚至有学者评价"媒介生态学在我们国家的研究来自中国传播学者的自觉,属于原创,不是从国外引进的"①。邵

① 李彬,王君超.媒介二十五讲[M].北京:清华大学出版社,2004:264.

培仁教授的两篇文章在我国媒介生态学研究中具有开创性的重要地位,自此以后,国内对媒介生态学开始投以关注的目光,而其中多数研究都是以邵培仁教授的论著为基础,以"媒介"为中心展开论述。

其实,我国媒介生态研究与西方媒介生态学有着本质的区别,而两者之间的区别却由于相同的名称应用——"媒介生态学"而极容易造成混淆。西方媒介生态学研究进入我国以来,其名称使用就处于较为混乱的状态,国外的"Media Ecology"是将媒介作为环境的一种研究,因此这种研究在我国应该更贴切地被翻译为"媒介环境学",而非现在我们所看到的"媒介生态学"。受邵培仁、许永等学者论著的启发,本书对我国媒体社会责任缺失问题的研究和探讨也是在我国媒介生态的视阈下展开的,是将我国媒体社会责任缺失的问题作为研究的中心,考察内外部环境中制约媒体履行社会责任的原因和要素,因此本书中的媒介生态指的是我国的媒介生态。

生态及生态学是我国媒介生态的基础。"生态"一词源于希腊语,原意为"家园""住所",后引申为自然界,并最终成为生物学和自然科学领域的概念。1866年,德国动物学家恩斯特·海克尔提出了"生态学"的说法,他指出所谓的"生态学是研究生物与其环境相互关系的科学"①,这一界定强调了各种因子之间的互动和平衡。随着社会的不断拓展,现代生态学已经开始越来越多地指导人的行动,指导人与生物圈的相互作用。但是,要解决人类生存环境中越来越多的问题,生态学必须不断丰富和拓展其内涵,因此"人类学、文化学、社会学乃至哲学、神学、伦理学、政治经济学等开始逐步加入生态问题的探讨中来"②,最终促成了媒介生态学的诞生。

我国媒介生态本质上是把媒介及社会大环境比作一个生物圈,用生物生态学的视角来理解、看待并研究媒介的一种研究方法和思维方式,关注的是媒介系统与社会大环境之间的勾连和交流。

依据邵培仁教授的观点,"所谓媒介生态,是指在一定社会环境中媒介各构成要素之间、媒介之间、媒介与外部环境之间关联互动而达到的一种相对平衡的结构状态"③。在这里,媒介生态所关注的是全局和整体的环境,是一种关联互动的关系。

---

① 杨忠直.企业生态学引论[M].北京:科学出版社,2003:1.
② 邵培仁,等.媒介生态学:媒介作为绿色生态的研究[M].北京:中国传媒大学出版社,2008:4.
③ 邵培仁,等.媒介生态学:媒介作为绿色生态的研究[M].北京:中国传媒大学出版社,2008:5.

1.2.3 媒介、媒体、传媒

在本书的论述中,笔者使用了"媒介""媒体""传媒"等概念,故而在此进行基本的释义和说明。

"媒介"一词出现的时间较早,在大众传播时代到来之前的 19 世纪末期,因为缺乏大众传播的环境和氛围,"媒介"的应用更多的是指使两者或多者发生关系的一种介质。而在我国早期的论著中,对"媒"和"介"的解释也多是指出其"介质"的内涵。由此可见,"媒介"重要的含义之一便是指使两者产生关系的一种中介。这种含义一直延续到今天,笔者查询《当代汉语词典》,其中对"媒介"一词的注释为:①居中使二者发生关系的人或事物;②媒体:新闻媒体①。可见,"媒介"第一重含义仍凸显了其"介质"的本质和内涵。而《当代汉语词典》对"媒介"的第二重含义则是在大众传播时代到来以后,基于一种大众传播视野对其进行的释义,而这一含义也和"媒体""传媒"的贴合度越来越高。随着大众传播时代的不断发展,媒体正在无孔不入地渗入人们的生活,因此"媒介"的第二重含义更多地得到关注和释放,正如当初麦克卢汉所预言的"媒介是万物,万物皆媒介"一样,媒介正在成为一种新闻传播的介质,和人们的生活紧密联系在一起。

相较"媒介"而言,"媒体"这一概念出现得较晚,但其在大众传播时代的应用却更为广泛。从字面来理解,除了"媒"这一表示介质的含义外,"体"更多地显示出"媒体"这一概念中所凸显的特性。"体"可以理解为"个体""体制""体系"等含义,因而"媒体"一词更多地包含了传播的个体和机构、传播制度等方面的含义。这也应和了《当代汉语词典》中对"媒体"一词的定义:电视、报刊、广播、广告及计算机网络等大众传播工具的总称。在大众传播已经融入人们血液的今天,对传播机构和传播制度的研究探讨越来越多地被人们所关注和重视。例如,我们经常谈到的"传统媒体""网络媒体"等概念,也凸显了媒体作为机构的特性。因此,"媒体"与"媒介"有着交叉和重叠的部分,但"媒体"更为凸显机构的特性。

在《当代汉语词典》中"传媒"的定义也有两种:①传播媒介,特指报刊、广

---

① 龚学胜.当代汉语词典:国际华语版[M].北京:商务印书馆,2008.

播、电视、网络等各种新闻工具。②传染疾病的媒介或途径：苍蝇是许多疾病的传媒。显然，在本书写作中所应用的"传媒"指的是第一种概念，而这一概念中对"传媒"所作的"新闻工具"的定义与"媒介"和"媒体"的概念已然有了重复的边界。除此之外，张忠民等人认为"传媒的独特之处在于还往往代表一个行业"①。

通过以上辨析可知，"媒介""媒体""传媒"在词典中的定义和内涵基本一致，都是指大众传播媒介和工具，三词的贴合度和交叠度较高，甚至一些学者在进行论述时也谈到"所谓媒体，也叫媒介、传媒"②，因此可以说，三词在使用过程中已经不作特别的区分。此外，"媒介""媒体""传媒"三词在英文翻译中都对应"media"，这也说明了其内涵的一致性。

而在日常应用中，根据使用习惯的不同，"媒介"一词多指大众传播的载体，"媒体"较多代表大众传播的机构和制度，而"传媒"有时还指大众传播这一行业，这些习惯在应用中应该加以注意和遵守。

综上所述，由于"媒介""媒体""传媒"三词的边界交叠较为明显，且对三词的区分不是本书研究的重点内容，它们对论题的研究和界定并没有特别的意义，因此，为了研究方便，笔者在本书写作中除了遵守词汇日常使用的习惯外，对"媒介""媒体""传媒"不做特别的区分。

1.3　主要的理论资源

1.3.1　媒介生态系统结构

媒介生态系统是我国媒介生态学中研究的重要内容，邵培仁教授认为，"所谓的媒介生态系统，是指在一定的时间和空间内人—媒介—社会—自然四者之间通过物质交换、能量流动和信息交流的相互作用、相互依存，而构成的一个动态平衡的统一整体"③。

---

① 张忠民，阳欣哲，张国良.新闻传播学领域对"媒介""媒体""传媒"三词使用现状分析：以文献计量方法对四种专业核心期刊的研究[J].新闻记者,2010(12):48-52.
② 胡忠青.浅析"媒体"及"第五媒体"的概念与特征[J].东南传播,2006(10):25-26.
③ 邵培仁,等.媒介生态学：媒介作为绿色生态的研究[M].北京：中国传媒大学出版社,2008:110-111.

由此可见,媒介生态系统是将媒介理解为一个开放的、和周围环境相互联系、相互作用的系统而进行研究。这一系统并不是孤立存在的,而是人、媒介、社会与自然之间的相互勾连,是一个有机的整体存在。在这一系统中,各要素之间的能量是相互流动的,各要素之间可以通过能量的流动而相互影响、相互作用、相互制约,形成一种互相依存而密不可分的关系。

许永教授认为,"媒介生态是指媒体在一定社会环境生存和发展的状态。这种状态包括媒体之间所形成的平衡结构,和整个媒体群落在社会大系统中的位置"①。由此可见,媒介生态系统这种开放着的并不断产生变动的结构也同样讲求一种平衡与和谐的关系。若媒介生态系统中的一方产生变动,将会影响到整个生态系统的结构,破坏原有的平衡关系,而媒介生态系统中的其他方面必须随着一方的变化而不断调整自我,这样才能重新形成相对平衡与和谐的状态,否则整个媒介生态系统将会因为不平衡的状态而被打乱。

媒介生态系统的结构研究将有助于我们对影响媒体履行社会责任的内外部影响因素的认识,根据研究可人为地施加有益影响,调节媒介生态系统结构,力求使其达到最佳状态。在媒介生态系统中,"我们把媒体间的竞争与制衡所形成的结构体系称为媒介的内生态,而把媒体群落在社会大系统中的运动状态,称为媒介的外生态"②。依据媒介生态系统中各要素的相互关系,邵培仁教授将媒介生态系统建构为如图 1.1 所示的模型③。

从媒介生态系统模型中可以看出,媒介生态系统分为内部生态环境和外部生态环境两部分,其中外部生态环境主要包括政治、经济、文化和技术等方面的环境。而内部生态环境则根据媒介的内部运作和分工分为新闻工作者、媒体管理和媒体角色目标定位三个方面。

媒体内部生态环境直接作用于媒体的运行和发展,这对媒体履行社会责任的状况将产生直接性的影响,媒体外部生态环境间接性地对媒体履行社会责任起到影响和制约作用,但这种影响和制约的力量十分强大,甚至可以说是对媒体履行社会责任的状况起到了根本性的影响。因此,媒介生态系统结构是研究媒体社会责任缺失的重要理论资源。

---

① 许永.优化媒体资源从认识媒介内生态开始[J].新闻知识,2002(11):19-23.
② 许永.优化媒体资源从认识媒介内生态开始[J].新闻知识,2002(11):19-23.
③ 邵培仁,等.媒介生态学:媒介作为绿色生态的研究[M].北京:中国传媒大学出版社,2008:117.

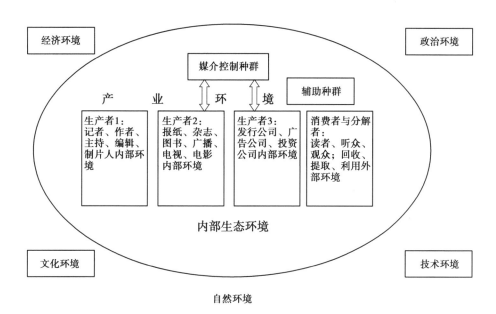

图 1.1 媒介生态系统模型

1.3.2 媒体社会责任的理论依据

寻找媒体社会责任的理论依据和支撑应该回归媒体本身,只有当媒体本身具备某种功能时,才可能据此承担相应的责任。而媒体功能的研究更多的是着眼于媒体系统与社会系统的互动关系,这无疑和媒体的社会责任密切相关。无论是媒体的正功能还是负功能,抑或是某种功能的演变,都可能对媒体承担社会责任产生一定的影响,因此本书从媒体的功能着手,研究媒体社会责任的理论依据。

美国新闻自由委员会在 1947 年发表了名为《一个自由而负责的新闻界》的报告,在报告中,结合新闻界的工作实践,美国新闻自由委员会首次明确列举了社会对报刊的五项基本要求:一是供给"真实的、概括的、明智的关于当天事件的记述,要能说明事件的意义",这就要求报纸必须做到真实、准确,还要求报刊必须把事实和意见区分开来,不能将两者混同,做出客观合理的解释。二是应当成为"一个交换评论和批评的论坛",这意味着报刊应该刊登关于事实的一切重要观点,其中包含与自己的报道意见相左的内容,并且要仔细地说明消息来源,但这并不表示报纸要放弃自己的主张。三是要描绘出"社会各个成员集团的典型图画",这就要求媒体要真实、公正地描绘社会各集团、各种族、各阶层、各区域,不以自己的习惯偏好来进行判断,避免因误解而引起冲突。四是报刊要负责介绍和阐明社会的目标和美德,这要求媒体承担起教育和宣传的职责、履行文化传承的使命,尊重并传播传统美德、强化受众对社会发展目标的认识。五是报刊要使人们"便于获得当天的消息",这意味着新闻和意见的广为传播,重要新闻要及时报道,保证公民能够平等地获取和分享信息,是对新闻完整性的要求①。这些要求是对当时深陷危机的美国新闻界提出的具体性指导,综合以上这些规定,以今日之视角来看,笔者认为美国新闻自由委员会所列举的要求可以集中归纳为三个方面:即媒体应该真实、客观地传播信息,媒体应该进行批评报道、有效地开展舆论监督,以及媒体应该履行文化传承的使命。

虽然对媒体提出了一系列社会责任的相关要求,但在西方社会的认知和研究中,社会责任通常用来对企业进行约束。从经济学角度看,社会责任定义的特点在于将追逐利润作为社会责任的唯一内容。在这一点上,我国媒体社会责任与西方媒体社会责任有着本质的区别。我国媒体不是一般的企业属性,尤其是广电等主流媒体具有双重属性,"事业性质、企业经营"是对媒体主观能动性的极大发挥,但是"企业经营"的前提是媒体的社会责任优先。我国媒体应该以党和人民的利益为重,承担好"发声器"的作用,协调社会关系,促进社会和谐发展,讲好中国故事,履行社会责任。

具体来看,我国媒体应该在传播活动中着力发挥四种功能:

第一,新闻媒介要客观反映社会现实,重现世界的本来面貌,为人类社会的发展提供依据。这要求媒体提供真实、准确、及时、客观的信息,同时这也是促进社会改革和结构调整的重要因素与基础,这与媒体所要承担的社会责任不谋而合。

第二,媒介要促进各环节、各部分的和谐一致,以保证有效地应对外界的变化和挑战。这一功能侧重于通过有理有据的评论、分析和解释做到释疑解惑,避免人们在纷繁复杂的现实和众说纷纭的观点中无所适从。此外,要促进各环

---

① 韦尔伯·斯拉姆,等.报刊的四种理论[M].中国人民大学新闻系,译.北京:新华出版社,1980:102-108.

节的和谐一致,媒体还必须揭露和鞭笞社会中的各种丑恶现象,督促其及时纠正。而媒体在发挥这些功能时就已经履行了舆论引导、舆论监督等社会责任。

第三,延续社会的文化传播。拉斯韦尔认为,家庭和学校是传递遗产的主要场合,这是基于过去传播功能主要由人际传播来完成。在现代社会,传播功能的实现越来越明显地依赖于大众传播,报纸、广播、电视、网络媒体等对人们思维模式和行为规范的塑造建构起到了越来越重要的作用。因此,媒体传播的内容是否正确、有益,对受众尤其是其中的青少年儿童将产生深远的影响。而国家的优良文化是否能够代代传承,民众的人生观、世界观、价值观的塑造都离不开健康向上的媒体,这就要求媒体必须承担文化传承的使命,进行有效、有益的传播。

第四,提供娱乐,这项功能突出了媒介游戏性方面的特征。纵观我国当下媒体,对提供娱乐这项功能已经越来越重视,不论是备受争议的新闻娱乐化现象,还是各家媒体为了博取受众眼球而不断推陈出新的节目内容,都让我们感受到"娱乐"已经成为生活中的一项重要内容,成为社会发展中的一个重要元素。让人们从媒体中获得快乐,这本身就是媒体所应承担的社会责任之一,然而媒体娱乐功能的发挥也不是没有限制的,必须要保证内容的正确性,也就是说在坚持对受众进行正确舆论引导的基础之上提供娱乐。从这些角度来看,媒介的娱乐功能和媒体社会责任有着密不可分的联系。

基于以上分析可知,媒介的功能与媒体履行社会责任有着密不可分的联系,从传播学媒介功能的角度分析媒体的社会责任,为媒体社会责任研究提供了充实的理论依据和基础。

1.3.3 我国主流媒体的社会责任

我国依据实际国情发展出适合我国主流媒体的社会责任理论,这也是本书在进行论述时的重要理论关照。何谓主流媒体? 不同学者对其界定不同,但在综合各方观点和意见的基础上,笔者认为主流媒体是指具有较强的权威性、影响力和公信力,向社会主流人群传播社会主义主流价值观的媒体,这也概括出了我国主流媒体的基本特征。在当前我国社会的发展中,主流媒体是做好党的政策主张的传播者、时代风云的记录者、社会进步的推动者、公平正义的守望者,是塑造新时代社会主义核心价值观,构建社会主义和谐社会的强大精神动力来源。因此,重视我国主流媒体建设,强调新时期其社会责任的发挥具有重要而深远的意义。

其实,早在中国共产党成立之初就对党报党刊提出了"喉舌"的要求,随着党报思想的日益成熟,"喉舌论"的范围得到了进一步扩展。1995 年,中共中央宣传部在《关于进一步做好新闻舆论工作的若干意见》中规定,"我们党和国家的报纸、通讯社、广播、电视是党和人民的喉舌"。至此,媒体的"喉舌"性质已经扩展为全行业的一种宣传报道准则。

作为媒体中的"排头兵",主流媒体更应该承担起党和人民"喉舌"的重任,但是在社会不断发展进步、人们价值观逐渐多元化的今天,"喉舌论"应该与时俱进,在尊重新闻真实、客观、公正等基本规律的基础之上把握"时"与"势",把政治方向摆在第一位,牢牢把握党性原则,牢牢坚持正确舆论导向,牢牢坚持以正面宣传为主,对受众进行合理的引导、对社会的公序良俗进行捍卫。结合社会发展现状和我国的实际情况,现阶段我国主流媒体应该承担的社会责任可以体现在政治责任、阵地责任、服务责任、人文关怀责任、文化责任、安全责任、道德责任、保障权益责任、合法经营责任九个方面。

1)政治责任

随着科技进步进入全媒体时代,信息是无处不在、无所不及、无人不用,舆论生态环境、媒体格局要求和传播方式都发生了深刻变化,这就要求新闻媒体要以习近平新时代中国特色社会主义思想和党的二十大精神为指导,牢牢把握正确政治方向,增强"四个意识"、坚定"四个自信"、做到"两个维护",认真贯彻落实习近平总书记关于新闻舆论工作的重要论述精神,自觉履行新时代新闻舆论工作的职责使命,坚持正确的舆论导向,弘扬主旋律,讴歌新时代。

2)阵地责任

新闻媒体作为党、政府和人民的喉舌,在引导社会舆论、统一受众思想、鼓舞民众人心、凝聚人民力量、构建和谐社会等方面起着举足轻重的作用。主流媒体必须履行宣传职责,一方面应该积极地宣传党和政府的路线方针政策,将党和政府的声音传递给广大受众,同时协助政府推进各项改革的顺利开展实施;另一方面还应该反映人民群众的意见和呼声,为他们提供一个表达观点意见的平台,进一步将他们的诉求和意愿传递给党和政府,为党和政府作出决策提供参考。

3）服务责任

一方面,为受众提供必需的信息新闻服务,将新鲜和真实的信息传递给受众,这样才能保证公众的知情权,保证公众获取新闻信息的意义和价值,作为生活、学习、娱乐等方面的重要参考;另一方面,提供社会性服务,帮助民众解决实际困难等。

4）人文关怀责任

媒体应坚持人文关怀,以人为本,关爱他人,注重社会弱势群体,反映他们的心声,呼应他们的呼声。

5）文化责任

新闻媒体是文化责任的主阵地,有责任有义务践行社会主义核心价值观。主流媒体应该自觉地传播积极、健康、有益的社会公共文化的内容,自觉抵制消极、不良和有害的内容,传递中华优秀文化,提高公民的文化科技水平和道德素质。同时,利用主流媒体的公信力来传递社会主义核心价值观,实现社会主义现代化建设目标,捍卫社会公平、正义和良知,这是主流媒体应尽的社会责任和义务。

6）安全责任

注重新闻内容生产"采、编、发"每道流程管控,严格落实新闻内容"先审后发"。在网络发达的今天,要深刻认识到网络安全在网络新媒体中的安全重要性,媒体要努力营造安全可信的网络空间。

7）道德责任

我国主流媒体在传播中应该保证信息的真实性,廉洁奉公、不谋私利,不断提高采编人员的职业道德认知水平,杜绝有偿新闻行为,这是维护自身公信力和权威性的基本要素,也是主流媒体对受众进行舆论引导和宣传教育的前提条件。

8）保障权益责任

严格遵守国家各项法律法规,充分保障从业人员薪酬福利,依法完善从业人员的职业体系。

9）合法经营责任

明确新闻媒体机构要严格遵守国家有关的法律和法规,加强从业人员培训力度,提高经营人员的业务水平,加强制度化、规范化、市场化运营理念,推行采编经营两分开,建立健全各项规章管理制度。

1.4　研究综述

本书主要是将媒体社会责任缺失的问题放在媒介生态的视阈下,研究媒体社会责任缺失的原因以及应对的策略方法,围绕这些主题,将主要从媒介生态学研究和媒体社会责任研究两个方面对文献进行梳理。

1.4.1　对媒介生态学的研究综述

1）西方媒介生态学研究

媒介生态理论的研究萌发于 20 世纪初期的北美,刘易斯·芒福德在《技术与文明》一书中总结了技术的发展历史、技术与文化及社会之间密不可分的关系,从一开始就奠定了西方媒介生态学研究与技术之间密不可分的关系。哈罗德·伊尼斯论述了时间和空间的偏倚性问题,认为保持媒介的时间偏倚和空间偏倚的平衡才是权力中心稳定社会的关键。此外,他还认为媒介技术可以改变社会的进程,是社会发展的巨大推动力。学者马歇尔·麦克卢汉继承了芒福德的基本思想,发展了"技术决定论"。他认为媒介是技术的主要代表,在他看来,承载信息的媒介技术远比那些信息重要得多,媒介技术将产生改变世界的力量。尼尔·波兹曼将媒介环境作为一个整体进行研究的思路也成为媒介生态学研究的重要理论命题和分析框架。

20 世纪 80 年代,电子媒介开始在人们的生活中发挥重要的作用,在这一背景下,学者约舒亚·梅罗维茨提出了"媒介情境论"。他认为媒介对社会具有强大的影响力,同时电子媒介对个人社会角色转变将产生巨大的影响力,应该以动态的眼光分析情境与行为之间的关系。此外,约舒亚·梅罗维茨还将受众纳入媒介情境分析之中,提出要根据受众的类型选择不同的传播途径,这是一种有益的分析思路。

2）我国媒介生态学研究

我国对媒介生态学进行研究是在近几十年才开始的,早期的研究主要是对一些西方媒介生态学的著作进行翻译,但随着媒介生态学在我国的不断发展,我国媒介生态学以媒介作为研究中心,注重周围环境对媒介所产生的各种影响,而这也是本书论证的主要理论基础之一。

我国媒介生态学研究的开山之作是 1996 年尹鸿教授发表在《电视研究》上的《电视媒介：被忽略的生态环境——谈文化媒介生态意识》,文中提醒电视媒介工作者、文化批评者和所有教育者要认识到电视这一媒介在社会中发挥的重要作用,要寻找媒介保护和发展的途径①。这篇文章是我国早期媒介生态思想的萌发,但在当时学术界所产生的影响并不大,后续的相关文章和研究也几乎为零。一直到 2000 年,张国良教授在《新闻记者》连续三期发表了有关"上海市民与媒介生态"抽样调查报告《上海网络受众的现状及发展趋势》②,研究了上海市民在世纪之交的媒介接触情况,网民与非网民之间媒介接触特点的区别,并对网络媒介的发展做出了乐观的预测。文章对网络媒介以及网络受众的未来发展充满信心,这在当时的社会环境中是具有前瞻性意义的。

2001 年,邵培仁教授发表的两篇文章引发了国内对媒介生态研究的关注。在《论媒介生态的五大观念》中邵培仁指出,"媒介生态观念是当代媒介生态学在市场经济条件下为建立人—媒介—社会系统的和谐关系和实现媒介生态系统良性循环而作出的新闻的认识和理性思考"③。他提出要建立媒介生态整体观、互动观、平衡观、循环观和资源观。同年发表的另一篇文章《传播生态规律与媒介生存策略》,文章梳理和总结出了传播生态位、传播食物链、传播生物钟、传播最小量和传播适度性五种具有较强解释功能的生态规律,并由此提出了一系列媒介生存策略。这两篇论文奠定了中国媒介生态学的研究基础和方向,也为笔者提出论题、分析论题提供了一个较为宽广的视野和行之有效的方法。

此后,国内媒介生态学研究中出现了一批较有价值的文章:许永在《优化媒体资源从认识媒介内生态开始》一文中,区分了媒介内生态和媒介外生态的概

① 尹鸿.电视媒介：被忽略的生态环境——谈文化媒介生态意识[J].电视研究,1996(5)：38-39.
② "上海市民与媒介生态"抽样调查报告(之一)题为"复旦大学新闻学院最新抽样调查表明——上海市民接触大众媒介的格局发生重大变化"。
③ 邵培仁.论媒介生态的五大观念[J].新闻大学,2001(4)：20-22,45.

念,将"媒体间的竞争与制衡所形成的结构体系称为媒介的内生态,而把媒体群落在社会大系统中的运动状态称为媒介的外生态"①。这种区分方法方便了我们对论题的研究,也为本书在研究媒介的制约和影响因素时提供了一种可行性的划分方法。崔保国在《媒介是条鱼:关于媒介生态学的思考》一文中,将媒介比喻成一条鱼,将媒介的生存环境比喻成"水",提出了媒介生态系统的"六界"。这篇文章考察了媒介生态学的起源和发展,并尝试着对媒介生态系统进行界定,其中对媒介生态学的建构和发展提出了一些具有启发性和前瞻性的观点。段京肃在《追求人与媒介的完美结合》一文中认为,在人与媒体的结合中,人是占主动的一方,因此公众媒介素养的提高是从根本上优化媒介生存环境的最广泛的社会基础②。这篇文章强调了媒介生态建设中"人"的重要作用,为笔者带来了启示,即在研究媒介的制约因素和媒体社会责任时,一定要重视"人"这个主动性要素。单波、王冰撰写的《西方媒介生态理论的发展及其理论价值与问题》一文对西方媒介生态学理论进行了较全面的阐释,对其发展历史进行了系统性的梳理,是媒介生态研究中的优秀文章,也为笔者较为全面地认识西方媒介生态打开了一扇门。

目前,我国关于媒介生态学的专著主要有:大陆第一本大众传播生态学的专著《大众传播生态学》,作者支庭荣将传播生态分为"传播原生态""传播内生态""传播外生态"三个层次进行分析③。这种分类方式虽然与本书有所不同,但不可否认的是它有助于引起人们对传播媒介的管理、技术、专业性等内核性生态的重视。在书中作者论述思路和框架清晰,运用了生态学的基本思想,是一本优秀的媒介生态学理论著作,但书中没有对我国媒介生态学的基本情况进行考察,可以说是其存在的不足之处。2008 年,邵培仁教授出版了《媒介生态学:媒介作为绿色生态的研究》一书,书中界定了我国媒介生态学的研究范畴,较为全面、系统地论述了媒介生态学的理论方法和研究内容,为我国媒介生态学的研究和发展奠定了基础④。张国良教授在 2012 年出版的《社会转型与媒介生态实证研究》则采用实证研究的方法,对社会转型期的观察与思考、新兴媒介

① 许永.优化媒体资源从认识媒介内生态开始[J].新闻知识,2002(11):19-23.
② 段京肃.追求人与媒介的完美结合[J].广告大观(媒介版),2006(1):94-95.
③ 支庭荣.大众传播生态学[M].杭州:浙江大学出版社,2004.
④ 邵培仁,等.媒介生态学:媒介作为绿色生态的研究[M].北京:中国传媒大学出版社,2008.

的崛起与影响、突发事件中的媒介与受众、日常生活中的媒介与受众、全球化进程中的媒介与受众，前沿理论的本土建构等几个方面进行了观察思考①。此外，还有一些学者将报纸、广播、电视等传统媒体放在媒介生态的视阈中进行研究与思考：如潘力、杨保林的《困境与出路：新媒介生态下的中国交通广播》②、陈亚旭的《媒介生态与地域性传播：中国地市报生存发展态势研究》③、侯海涛的《中国电视新闻媒介生态研究：转型期的媒介守望》④等，他们在媒介生态的视阈中对我国媒体的良性发展进行了有益的思考。

1.4.2 对媒体社会责任的研究综述

1）西方媒体社会责任研究

1947 年，美国新闻自由委员会发表了题为《一个自由而负责的新闻界》的调查报告，报告首次明确提出了媒体"社会责任"的概念，并规定了媒体的五种基本功能。该报告立足于当时美国新闻界的现状，目的是让媒体通过承担社会责任而更好地拥有新闻自由，不给政府插手媒体事务的机会，可以说该报告是对当时美国新闻自由的一种修正，是在试图寻找新闻自由和政府干预之间的平衡点。

1956 年，《报刊的四种理论》一书问世，"报刊的社会责任理论"被列为其中的第三部分。该章节作者西奥多·彼德森认为，传统自由主义理论存在的问题在于忽视了公众获知消息的权利，同时也没有要求出版者承担道德责任，由此，他认为媒体社会责任是基于公众消息权的一种道德责任。这一论述将媒体的道德义务观点融入社会责任理论，认为媒体应该用道德标准对自身活动进行约束，并尽可能地对公众负起责任，这种思路进一步推进和完善了媒体社会责任理论。

20 世纪 90 年代开始，西方的媒体社会责任理念逐渐演化为一种"媒体问责制"，并在欧洲各国新闻界推行开来。美国锡拉丘兹大学的学者帕特里克·

---

① 张国良.社会转型与媒介生态实证研究［M］.2 版.上海：上海交通大学出版社，2012.

② 潘力，杨保林.困境与出路：新媒介生态下的中国交通广播［M］.北京：中国传媒大学出版社，2012.

③ 陈亚旭.媒介生态与地域性传播：中国地市报生存发展态势研究［M］.桂林：广西师范大学出版社，2012.

④ 侯海涛.中国电视新闻媒介生态研究：转型期的媒介守望［M］.北京：中国传媒大学出版社，2010.

李·普莱桑斯在《对媒体问责制概念的再思考》一文中指出,"该研究基于哲学观探讨了媒体问责制的概念应该作为媒体责任的表现形式而存在"①,由此我们对"媒体问责制"的本质及其与媒体社会责任理念密不可分的关系可见一斑。

随着近些年新媒体的兴起,一些网络媒体中的问题是传统的媒体社会责任理论无法解释的,因此媒体社会责任理论必须不断地丰富自身的内涵,对世界媒体发展格局进行更深入的考察。

2)我国媒体社会责任研究

我国对媒体社会责任的研究始于改革开放后的 20 世纪 80 年代,随着媒介市场化发展的深入,媒体社会责任理论越来越受到重视,众多专家学者在研究西方新闻媒介的论著中都对媒体社会责任理论进行了阐释,如童兵、刘行芳、李良荣等学者都在书中对媒体社会责任理论的源起、内涵及要求进行了概述,但基于论述的性质,书中对媒体社会责任理论只是进行了基本的介绍和说明。

学者黄建新的《传媒:自由与责任——西方"报刊的社会责任理论"解读》、吴高福的《西方新闻思潮简论》等书籍则相对详细、深入地分析了媒体社会责任理论。在黄建新的书中,作者从传媒自由主义理论的源起、勃兴再到衰落谈起,全书围绕传媒的社会责任理论,对其前提、创立契机、理论要旨、特征、影响力、局限性及面临的挑战等诸多方面进行了较为全面的阐述,但作者并未将社会责任理论与我国媒体的发展联系起来进行论述,而这恰恰是本书要努力做到的。吴高福的《西方新闻思潮简论》一书探讨了西方的三种新闻思潮,社会责任新闻思潮是其中之一,书中对社会责任新闻思潮产生的背景、主要内容、流变过程等进行了较为详细的阐述和评析,但该书并没有对当今网络媒体的社会责任进行分析,这在网络媒体日益壮大的今天来看是一种欠缺。

此外,罗以澄教授撰写的《新闻传媒发展与构建和谐社会关系研究》一书也为本书撰写带来很大的启示。罗教授在书中探讨了构建和谐社会与新闻传媒发展之间存在的密切关系,并从政治文明建设、经济发展、文化构建等多方面论述了新闻传媒在其中发挥的重要作用,这是在当前环境下对媒体承担的社会责任所进行的深入思考,启发了本书对媒介外生态环境与媒体责任担当之间的探索。另一本罗以澄教授与吕尚彬教授合著的《中国社会转型下的传媒环境与媒

---

① 董媛媛.西方媒体责任研究动态综述[J].当代传播,2010(5):121-122.

体发展》也为本书写作带来了极大的帮助。该书是以当前社会的变迁和转型为背景,探讨了传媒角色的嬗变、话语的变迁以及当前传媒产业化和数字化的转型,可以说是对传媒发展的前瞻性探索,尤其是其中文化、市场经济与传媒发展等章节中,很多创新的思路和观点都为本书的写作带来了指导。

从国外发展而来的媒体社会责任理论,在融入我国的过程中也逐渐出现了本土化的发展特征,国内对媒体社会责任的研究大都结合了我国的国家性质和社会发展现实,强调媒体应该履行相应的社会责任。综观目前国内媒体社会责任的相关研究,大部分学者着眼于我国媒体社会责任缺失的问题,或从社会热点事件和现象着手探讨媒体社会责任缺失的原因和解决方法;或从某个或某类媒体着手探讨如何有效地防止媒体社会责任缺失,更好地承担起自身的责任;或从我国媒体社会责任缺失的现状谈起,寻求解决问题的思路与方法等。

本书将媒体社会责任缺失的问题放在我国媒介生态的视阈下进行研究,结合这一思路,笔者将从媒体与政府、媒体与经济、媒体与文化以及媒体与技术等角度对"媒体社会责任"的相关文献进行梳理。

(1)媒体与政治

在《权力的媒介》一书中,作者 J.赫伯特·阿特休尔认为有政治、经济权力的人拥有社会责任,因此政治与媒体的社会责任有着密不可分的关系。一般情况下,这种密切的关系是通过媒体与政府的关系来体现的。

媒体和政府之间的关系是双向的。一方面,政府应该对媒体活动进行监督和指导;另一方面,媒体监督政府及其工作人员的行为对维护社会公平正义、和谐发展也起到了非常重要的作用。因此,在媒体与政治这一研究领域内,主要观点可以分为政府对媒体的作用和媒体对政府的作用两个方面。

①政府对媒体的作用。媒体履行社会责任不能完全依靠自律,政府应该对其进行监督和指导。张春华在《传媒体制、媒体社会责任与公共利益:基于美国广播电视体制变迁的反思》一文中,结合美国广播电视体制变迁对公共利益的影响以及我国媒体社会责任的实际情况,提出应该对媒体进行有效的政府规制,这是公共利益的生命线。文章为笔者展示了美国广播电视体制的状况,是一种有益的思路开拓[①]。李晚莲在《突发性公共事件中媒体社会责任绩效评

---

① 张春华.传媒体制、媒体社会责任与公共利益:基于美国广播电视体制变迁的反思[J].国际新闻界,2011,33(3):58-64.

估》一文中指出,公共危机中媒体社会责任的履行涉及政府、媒体自身以及公众三方,因此建立突发公共事件中媒体社会责任绩效评估体系是非常必要的。"运用层次分析法分别构建政府、媒体、公众角度的绩效评估指标,分析了其运用机制"①,为新闻媒体在突发性公共事件中履行社会责任的情况设立了评估体系并提供了可操作性的依据。王学彦在《从电视节目低俗化现象看政府规制》中分析了荧幕低俗化的现象,指出产生低俗化的原因是"收视率至上"的观念和媒体间的激烈竞争。

②媒体对政府的作用。郑保卫教授在《论社会转型与媒体责任》一文中指出,改革开放推动了媒介的发展和社会的变化,一些新变动、新诉求对我国媒体发展提出了更高的要求,也要求新闻工作者不断提升素质,满足受众的新需求。他认为媒体的一项重要职能就是"当好社会监督者,充分发挥监督警示作用"。在郑保卫教授的另一篇文章《权力·责任·道德·法律:兼论新闻媒体的属性、职能及行为规范》中,他同样认为媒体应该当好政府的监督者,政府的权力是社会和民众所赋予的,因此应该接受他们的监督,而"新闻媒体的舆论监督是民众可以借助的最有效的手段"②。周翼虎在《媒体的转型动力学:新时期新闻媒介的社会责任》一文中揭示了媒体与政府之间的关系,提醒本书重视媒体的舆论监督功能。

(2)媒体与经济

我国部分新闻媒体具有"事业性质、企业管理"的双重属性,这就决定了其与经济有着密不可分的联系。随着我国市场经济发展的不断完善和新闻受众群体的逐步稳定,新闻媒体在市场经济环境下将获得长远发展,其经济创收的角色定位又要求其为了生存和发展必须追逐利润。这就要求新闻媒体要正确认识媒体的经济属性,在把党的方针政策宣传好,把人民的期盼要求报道好,维护好党和人民的利益,切实提高媒体的传播力、公信力和影响力的基础上去追求最大经济利润。相反,如果媒体过分追逐经济利益而忽略了社会效益,就会对受众和社会造成严重的不良影响。在这个收视率和发行量为王的时代,少数媒体为了博取受众的眼球无所不用其极,虚假新闻、不良广告等问题和娱乐新

---

① 李晚莲.突发性公共事件中媒体社会责任绩效评估[J].甘肃社会科学,2010(1):139-142.
② 郑保卫.权力·责任·道德·法律:兼论新闻媒体的属性、职能及行为规范[J].国际新闻界,2005 (4):43-47.

闻、煽情新闻时有发生。基于此,如何处理经济效益与社会效益的关系,如何在市场经济的浪潮中切实承担起社会责任成为学者讨论的重点内容。

任雪萍在《我国媒体经济效益与社会效益的平衡研究》中围绕"我国媒体如何平衡好经济效益和社会效益"这一主题,对我国媒体追求经济效益与社会效益的现状、存在的问题以及原因等进行分析,并从政府、媒体、公众以及媒体从业人员等四方面提出了解决措施。文章对媒体追求经济效益而造成社会责任缺失的问题进行了有益的探讨,但因为其论述的目的在于寻求实现媒体经济效益与社会效益平衡的途径,因此对媒体社会责任缺失的论述显得不够全面深入。

田华、何纯在《娱乐新闻中的媒体责任边缘化及其纠正》一文中,从现阶段我国一些媒体中娱乐功能被无限放大而其他责任被边缘化的现状谈起,围绕媒体经济利益和社会利益不平衡这一根本原因,探讨了娱乐新闻报道中媒体责任边缘化的危害及其解决方法。文章透过当前娱乐新闻泛滥的现象,关注媒体经济效益与社会效益之间的关系,是对媒体履行社会责任本质的探究。

时统宇在《绿色收视率与媒体社会责任》一文中指出,我国电视节目的质量和经济因素密切相关,媒体过分地追求收视率、广告将会造成节目质量的低下和媒体社会责任的缺失,社会中将充斥低俗文化,媒体的人文关怀将大打折扣。

郑素侠在《网络媒体社会责任与商业利益的平衡》中指出,处在市场经济中的网络媒体,一方面要遵循市场规律,最大化地谋取维持自身发展的经济利益,另一方面又要当好党和人民的"喉舌",切实承担起社会责任,媒体的健康发展要达到两者之间的平衡。"平衡网络媒体社会责任与商业利益之间关系的途径是建立健全媒介管理的行政干预体系,加强网络空间的舆论引导,增加新闻报道中原创新闻和独家报道的分量,同时倡导网络媒体的行业自律。"[①]

丁丹丹在《传媒低俗化问题与对策:兼论市场与传媒的关系》中谈到,媒体的市场化是历史趋势与必然,但新闻产品与一般商品不同,"新闻媒体具有自身独特的使命,在追求经济效益的同时,决不能以牺牲社会效益为代价"[②]。

(3)媒体与文化

传播和文化之间有着密切的关系,媒体的不断发展与扩张,正在改写着人

①　郑素侠.网络媒体社会责任与商业利益的平衡[J].中州大学学报,2005,22(2):81-83.

②　丁丹丹.传媒低俗化问题与对策:兼论市场与传媒的关系[J].新闻世界,2009(5):87-88.

类文化。媒体作为文化传承的工具,必须提高公众的文化修养。近些年,有关文化和媒体社会责任之间的研究,已成为学者们关注的热点。

蒋建国在《消费文化传播与媒体社会责任》一书中,介绍了全球化背景下西方消费文化的传播现状,"娱乐至上、消费至上、利益至上的价值观使西方媒体正在陷入道德伦理的困境"。我国改革开放以后,随着市场经济的发展,传媒消费主义也在不断地蔓延。在此背景下,蒋建国分析了消费文化传播与媒体社会责任缺失的基本情况。他认为媒体在市场化运作的过程中,其社会责任主要表现为道德责任,即媒体要成为民族优秀文化的传承者、时代变迁的记录者、社会公德的捍卫者,为和谐、正义、良序的现代社会做出贡献①。

于德山在《当代媒介文化》一书中探讨了大众传媒与中国当代文化转型之间的密切关系,对中国当代媒介公共领域的建构、大众传媒之中的国家媒介文化形象、大众传媒中的偶像以及当代媒介文化的交流策略等问题进行了研究,其中就包含了对媒体所承担责任的思考。

郑保卫在《论中外不同文化语境下的媒体责任观》中将西方国家文化语境下的媒体责任观和我国文化语境下的媒体责任观进行了对比,指出尽管社会制度不同、意识形态也有所差别,但世界各国同样重视媒体社会责任,并且制订了一系列条款对其进行规范和约束,各国制订的条款中有许多共同点或相似点,这也体现了不同制度和性质的国家对媒体履行社会责任的共同要求。

唐弦、陈术合在《文化担当:广电媒体社会责任的重思与重构》中谈到,在社会主义文化强国战略目标的确立与强势推进、国家广电总局"三令"调控释放文化活力的社会背景下,广电媒体应该亮出公共文化服务的旗帜,一方面要肩负起舆论导向职责,另一方面要履行先进文化继承者和传播者的使命。传播和继承优秀文化是媒体社会责任非常重要的内涵。

(4)媒体与技术

技术的进步使网络媒介迅猛发展起来,也促进了媒体间的融合,这一方面促进了媒体的发展和繁荣,另一方面也对大众传媒承担社会责任带来一系列挑战。

任彬在《从传播效果视角看媒介融合》中指出,传统媒体与新媒体的传播技

---

① 蒋建国.消费文化传播与媒体社会责任[M].北京:中国社会科学出版社,2011.

术融合虽然让媒体获得了空前发展,但现阶段的融合仍然是缺乏成熟性的,这就导致一些媒体"在不断追求经济效益的时候,忽视了社会效益。媒体公信力、公众的知情权、报道对象等不断受到了损害"①。

牛康指出互联网中缺乏有效的监控,这导致言论自由放纵、抄袭侵权成风,一些信息发布者为了博取网民的"眼球"而传播低级趣味的内容,针对这些负面影响,互联网必须采取一系列措施,肩负起社会责任,赢取公众的信任②。

韦文杰、蔡敏则以"三鹿奶粉事件"发生后的网络"屏蔽门事件"为例,探讨了网络媒体社会责任缺失的原因,并提出了制定网络媒介经营管理法、成立网络媒体投诉委员会、公布并处理违规网络新闻媒体等一系列规范网络媒体行为的措施③。

曾凡斌在《大数据对媒体经营管理的影响及应对分析》中谈到了大数据对我国传统媒体经营管理方式所带来的巨大冲击,作为一种未来发展趋势,大数据将在媒体的发展过程中占有越来越重要的地位,因此媒体必须创新经营管理模式,尽量将一切量化,以应对大数据时代的挑战④。在《大数据时代,媒体如何转型》一文中,柯惠新教授认为大数据的质量参差不齐,有很多数据的真实性值得怀疑。朱川燕也谈到了新闻工作者要具备火眼金睛,洞悉具有新闻价值的大数据是否真实、可靠,其中就隐含着大数据对媒体真实、客观传播可能带来挑战,是大数据对媒体履行社会责任可能带来的负面影响⑤。这些专家学者前瞻性的观点也推动了本书在写作中的创新。

1.5　研究方法

从媒体社会责任缺失的相关事例和现象出发,我们应该从深层的角度去思考:既然媒体社会责任如此重要,为什么总是会有一部分媒体对它视而不见,甚

---

① 任彬.从传播效果视角看媒介融合[J].法制与社会,2008(1):276.
② 牛康.互联网传播媒体的社会影响与社会责任[J].福州大学学报(哲学社会科学版),2003,17(3):39 -42.
③ 韦文杰,蔡敏.网络媒体社会责任缺失的原因及对策:以"屏蔽门事件"为例[J].新闻世界,2009(1): 25-26.
④ 曾凡斌.大数据对媒体经营管理的影响及应对分析[J].出版发行研究,2013(2):21-25.
⑤ 本刊记者.大数据时代,媒体如何转型[J].编辑之友,2013(6):6-12.

至恶意去挑战它的底线？究竟是哪些因素在影响着媒体的发展,影响着媒体社会责任的履行？怎样做才能有助于媒体更加自觉地履行社会责任,促进和谐社会的构建？这些都是本书将要探讨并寻求答案的问题。

对以上问题的探讨应该怎样进行？笔者受邵培仁、许永等多位学者观点的启发,试图将媒介生态学引入媒体社会责任缺失的探讨,从媒介内生态和媒介外生态的角度入手,去探讨媒体社会责任的影响和制约因素,并从这些因素着手,提出切实可行的改进方法,督促媒体履行社会责任。

在笔者检索和查阅到的各类研究资料中,学者们从政治、经济、文化、技术、新闻工作者、受众等一个或几个角度去分析媒体社会责任缺失的原因,研究较为零散,缺乏深入分析与系统思考。还有一些分析缺乏对框架的理论界定,这就必然导致结果不够严谨、有效。而在查阅的文章中,目前我国把媒体社会责任缺失的问题放在媒介生态视阈中的参考资料不多,用媒介内生态和媒介外生态的影响因素去研究和分析的论著,可能是一种全新的尝试。用新闻学、传播学、社会学等理论研究媒体社会责任缺失的问题,可能是比较全面的研究方法。

正是基于此,本书主要采用文献分析法、历史研究法和案例分析法,试图全方位地呈现影响媒体履行社会责任的因素,并提出行之有效的解决方法。

1.5.1　文献分析法

文献分析是通过搜集、鉴别、整理相关文献,并通过对文献的研究形成对事实科学认识的方法。依据研究目的,本书主要对媒介生态的相关研究和媒体社会责任研究的相关重要文献进行分析和梳理,通过分析论证本书研究的合理性,呈现出文章的主要研究内容,为文章的论证打下基础。

1.5.2　历史研究法

历史研究法应该采取历史与逻辑相统一的思路,运用历史资料并按照历史发展的顺序对过去事件进行研究,在历史的演变过程中寻找规律和特点。本书对中华人民共和国成立以来我国媒体社会责任履行状况的历史与现实的分析主要采用了历史研究法,通过研究得出不同阶段我国媒体履行社会责任的状况,为我国媒体社会责任缺失问题的研究提供了理论支撑。

1.5.3　案例分析法

案例分析法是在已有文献综述的基础上，选取相对典型的案例进行微观剖析，从而由点及面、由浅入深推及其他。本书在我国媒体社会责任缺失问题的表现以及媒体社会责任缺失的内外部原因分析中，对典型案例展开分析和论述，从而深化了论证的主题，验证了论述的合理性。

当然，由于笔者自身能力有限，本书存在一些不足，在对我国媒体社会责任缺失问题的原因和解决方法的分析中，一些角度分析不足、论述不够深入，此点有待笔者在今后的研究中进一步学习加强。此外，本书的文字表述不够精练，这也是作者有待提高的地方。

1.6　内容框架

本书以媒体社会责任部分缺失问题作为研究对象，从我国媒介生态的视角出发，借鉴相关理论和基本观点，同时结合实践进行了分析和研究，主要内容可分为以下几部分：

首先，探讨了媒介生态和媒体社会责任担当的关系。我们应该从媒介生态的视角去探究影响媒体依法享有的新闻自由权利的各种因素，而这些因素可能是造成媒体社会责任缺失的主要原因。此外，媒介生态系统与媒体社会责任担当应该以围绕中心、服务大局，建设和谐社会为发展目标，两者有着密切的关联性，因此，以媒介生态的视角对媒体社会责任进行研究也要讲求一种平衡和谐的关系。我们要考察媒介生态中政治、经济、文化和技术等要素，它们与媒体社会责任担当之间相互博弈与作用，这可能直接决定了媒介生态与媒体社会责任担当之间的关系。

其次，本书回顾了我国媒体履行社会责任的历史状况以及现阶段我国媒介生态的特征，在此基础上，笔者探讨了在现阶段媒介生态环境下我国媒体的社会责任状况。通过分析可知，在新时期媒介生态环境下，媒体在社会中发挥着更为重要的作用，其肩负的社会责任也越发重大。我国媒体要高举旗帜、引领导向，围绕中心、服务大局，满足受众需求、传递党的声音、讲好中国故事及维护公序良俗,这是现阶段媒介生态环境下媒体必须履行的社会责任和使命。

第三,随着互联网的不断发展,Web 3.0阶段即将到来,它的全部功能所构建的景观,正是元宇宙的最终形态,可以说元宇宙代表了未来人类生活的主要方式。从经济生态来看,近年来元宇宙的概念在资本圈炙手可热,正是经济的不断发展为元宇宙技术的开发和拓展提供了基础,未来元宇宙经济的发展将在游戏、虚拟数字人、文化旅游、医疗及工业等多个方面大展拳脚。从技术生态来看,未来元宇宙的发展将充满无限的可能,扩展现实技术是实现视听行业"虚实场景转化"的重要路径,数字孪生技术是视听行业服务数字社会的基础支撑,而区块链技术是完善视听行业商业模式的关键依托。从文化生态来看,元宇宙对文化的影响必然是长久而深远的,一方面元宇宙加速了文化的流动,另一方面元宇宙则异化传统文化。元宇宙是未来互联网发展的美好愿景,随着相关困境的不断突破,未来元宇宙会越来越多地向人们展现出发展的希望。

第四,对我国媒体履行社会责任中的问题进行了分析。结合上一章中笔者对现阶段我国媒体应该履行的社会责任的分析,本章将从媒体为受众服务中的信息缺位,媒体舆论监督中的行为失范,以及媒体维护公序良俗中的传播错位三个方面探讨我国媒体社会责任缺失的危害和表现。本章是研究论题中提出问题的部分,对这部分内容的梳理和总结为后文分析问题、解决问题打下了基础。

第五,从媒介生态的视阈分析现阶段我国媒体社会责任缺失的原因。本章着重从媒介内部战略管理、人员管理和机制管理三个方面寻找媒体社会责任缺失的原因,从媒介外部的政治环境、经济环境、文化环境和技术环境四个方面寻找媒体履行社会责任的制约因素。这一章是研究论题中分析问题的部分,这部分研究为后文解决问题奠定了基础。

第六,本章对媒体在国家治理现代化背景下如何更好地履行社会责任进行思考。对媒体履行社会责任的内部环境的思考主要是从重视媒体的战略管理、完善媒体的机制管理、加强媒体的人员管理三个方面展开,而对媒体履行社会责任的外部环境的思考主要是从坚持中国特色社会主义政治道路、理顺媒体经济运行机制以及加强来自外部的监督三个方面展开。这一章是研究论题中解决问题的部分,希望这些探讨能够为媒体的良性发展提供一些参考。

第七,结论部分,总结笔者的论述观点。媒介生态与媒体社会责任担当有着密切的联系,在新的媒介生态环境中,针对现阶段我国媒体社会责任缺失的现状,我们应该从媒介生态的视阈去探讨原因并寻找可行的解决方法,以促进我国媒体更好地履行社会责任,形成客观平衡的报道机制,期待为我国社会的良性发展奠定坚实的基础。

2 媒介生态和媒体社会责任担当的关系

2.1 媒介生态理论与媒体社会责任理论的关联

报刊的社会责任理论是对传统自由主义理论的一种重要改变,要求媒体承担一定的责任。我国学者江波在《媒体社会责任的体现及约束》一文中界定了媒体社会责任的概念,他指出,"媒体社会责任是指新闻媒体及其从业人员在新闻传播活动中必须履行的对社会安定、国家安全和公众心智健康所承担的法律、道德等公共责任和社会义务"①。由此可知,媒体社会责任从本质上来说是媒体必须履行的一种社会义务。

义务与权利是相辅相成的,在享受权利的同时必须要履行义务,反之亦然,权利和义务在对应、依存和转化的过程中逐步走向统一。社会既然要求媒体承担社会责任,就应该赋予媒体相应的权利,因为这些权利是保证媒体履行义务——即承担社会责任的基础和前提,媒体只有在权利与义务的相互协调中才能更好地发挥自身的作用。

17世纪初,欧美新兴资产阶级逐步登上历史舞台,他们在宣传自身的思想言论时受到封建专制势力的打压,在此背景下他们提出了"新闻自由"的口号。无论是资本主义制度还是社会主义制度,对新闻自由都是认同的。媒体依法享有的采访自由、传播自由、出版自由和表达自由等都是媒体履行社会责任的基础,但是新闻自由是相对的、有条件的,是与媒体社会责任相对应存在的权利。

现实中是否还存在妨碍采访自由、传播自由、出版自由和表达自由的各种因素,甚至因此而造成新闻工作者行为的失范? 在少数偏远地区、个别行业或

---

① 江波.媒体社会责任的体现及约束[J].新闻研究导刊,2006(3):12-14,31.

是个别人为了一己私利,这种行为可能是存在的。我们应该如何去寻找这些因素呢？这就要求我们必须关注媒介生态系统,以媒介生态的视角去探究影响新闻自由权利的各种因素,而这些因素就是造成媒体社会责任缺失的主要原因。媒介生态与媒体社会责任之间的这种密切关系也正是两种理论之间的关联之处。

媒介生态系统是一个受多种因素影响和制约的复杂开放型系统结构。这一结构随着内外部各种因素的变动而不断调整自我,力求达到相对平衡的状态,而这种相对平衡的状态也是媒体履行社会责任、促进社会和谐进步的基础,因此在媒介生态中最为讲求平衡、和谐。"生态平衡就是指生态系统各组成部分的内部或相互之间,在长期的发展演化过程中,通过相互制约、转化、补偿、交换及适应而建立起来的一种相互协调的动态平衡关系。"[①]在邵培仁教授提出的媒介生态学研究的六大原则中,平衡和谐原则是其中重要的一种,他提倡要用和谐的视角和尺度来认识媒介生态,并且以追求媒介的和谐发展为最终目标。

这种平衡和谐的生态环境也是媒体履行社会责任的前提条件,当媒介生态相对平衡时,影响新闻自由的因素较少,传媒在享有充分权利的同时其履行义务的能力相对较强;而当媒介生态产生较为严重的失衡时,传媒的新闻自由权利受到侵蚀,其相对应的义务——即履行社会责任也必然无法到位。媒体履行社会责任事关社会的良性发展和大众知情权的满足,因此可以说媒介生态的平衡和谐是一种良性的发展状态。

反观之,作为社会的守望者,媒体承担社会责任的最终目标也是希望能够通过真实客观地传播信息、有效的舆论监督以及文化传承等手段来推动社会的民主法治与公平正义,维护良好的媒介生态环境,最终促进社会主义和谐社会的构建。

首先,媒体真实、客观地传播信息是构建社会主义和谐社会的重要保障。新闻媒体作为"上传下达"的工具,是党和政府与公众进行交流的重要渠道和手段,为了保证这一渠道的畅通性和有效性,媒体就必须充分地传播党和政府的信息,这既构建起民众对党和政府信任和依靠的基石,又保证了公众的知情权。另外,"上传下达"绝不是一个单项的通道,它要求媒体还要深入群众之中,将他

---

① 支庭荣.大众传播生态学[M].杭州:浙江大学出版社,2004:120.

们的意见、要求、愿望和呼声真实、客观地传播出去,这就为民众提供了一个合理、有效的利益表达平台和宣泄渠道,保证了民众的表达权。尤其是一些处在社会边缘的弱势群体,媒体对他们的关注,对他们利益的维护更是有效地疏导了民众的情绪,对构建社会主义和谐社会起到了重要的促进作用。

其次,媒体合理的舆论引导是构建社会主义和谐社会的基础。面对市场经济发展中日新月异的社会状况和纷繁复杂的各种信息,民众可能会无从适应,这时候媒体就需要通过合理、有效的舆论引导来帮助受众理性地认知和判断。当重大事件发生时,在保证不泄露国家机密的前提下,媒体应该直面问题,提出理性和客观的意见,媒体将这种意见传递给受众,就可以帮助受众对事件的认知和理解,使受众用更理性、更客观的眼光来看待问题,当社会中的人多数人看待问题时都能够不盲目、不偏激时,社会的和谐也就更进一步。此外,新闻媒体还可以通过积极传播社会公平、正义等正面舆论信息来促进社会对公平正义的向往和追求,这也是促进社会主义和谐社会建设的有效手段。

第三,媒体的文化传承与构建社会主义和谐社会关系密切。构建社会主义和谐社会需要大众的共同努力,而大众的努力是建立在对和谐社会了解并向往的基础之上的。在现代社会,人们对信息的获取和对价值的判断更多的是受到新闻媒体传播的影响,因此媒体文化传承的功能就承担起为构建社会主义和谐社会鼓与呼,以及提供理论基础的重任。媒体要坚持担道义、守良心、当示范、做榜样,带头践行社会主义核心价值观。只有把社会主义核心价值观融入灵魂,才能真正自觉践行,才能带动社会。要让富强、民主、文明、和谐、自由、平等、公正、法治、爱国、敬业、诚信、友善的社会主义核心价值观深入人心,成为人人追求和向往的目标,甚至内化为自觉的行动,如此一来,社会主义和谐社会将会离我们更近一步。

由此可见,媒介生态与媒体社会责任的根本目标都是追求社会系统的和谐与平衡的关系,两者有着密切的关联性,因此,从媒介生态的视角对媒体社会责任进行研究也要讲求一种相对平衡与和谐的关系。可以说,媒介生态的状况与媒体的社会责任担当关系密切,在很大程度上决定了媒体是否能够履行社会责任,履行社会责任的状况如何,而媒体社会责任履行的状况又反作用于媒介生态,对整个媒介的生态平衡产生影响。因此,我们必须考察媒介生态中的各要素,尤其是对媒体社会责任担当产生根本性影响的政治、经济、文化和技术要素,它们与媒体社会责任担当之间相互博弈和作用,直接决定了媒介生态与媒体社会责任担当之间的关系。

2.2 媒介生态因素与媒体社会责任担当的关系

2.2.1 政治生态因素与媒体社会责任担当

国家的政治体制与新闻媒介的发展之间有着千丝万缕的联系,这在任何国家都是一样的,因此,媒体是否履行社会责任,媒体履行社会责任的状况必然受到国家政治的影响,两者之间关系密切。

在社会责任理论诞生之前,西方社会对新闻自由的理念崇尚有加。社会责任理论的诞生是在政府压力下媒体自我调整和改革的产物,它与社会政治有着密切的关系。此外,社会政治还直接性地促成了媒体监督机构的诞生。由此可见,媒体承担社会责任的理论和制度从根源上就与政治生态因素有着密切的关联,政治生态成为影响媒体履行社会责任的重要因素之一。

一个国家的执政党在治理国家时的路线、方针、政策将影响到社会的各个层面、各个行业的发展方向,这自然也包含其对媒体发展所产生的影响,因此可以说国家政治状况将直接影响到这个国家的媒体履行社会责任的状况,媒体的社会责任与其所处的社会的政治体系有巨大联系,媒体的性质和行为将直接受到国家政治的影响。我国与西方政治和社会体制不同,作为具有中国特色的社会主义国家,我国政体符合我国国情,我国实行的是人民群众当家作主、中国共产党代表最广大人民的根本利益,人民是社会的统治阶级,因此,媒体应树立起大局观、群众观、更多地代表并维护人民的观点和利益,这是其应尽的社会责任。

树立起大局观、群众观要求媒体要满足受众的知情权、参与权和监督权,而媒体满足受众知情权的前提和基础是信息公开透明,保证媒体的信息来源正确性。此外,媒体要及时地反映群众的意见。作为国家的主人,民众的所思、所想决定了社会未来的发展方向,而在社会转型期民众的表达需求也越发强烈,因此媒体应该将人民群众作为新闻传播的不竭源泉,反映最广大群众的利益诉求,这有利于社会舆论的形成和社会矛盾的疏导,对构建社会主义和谐社会起到了重要的促进作用。

媒体不仅要传播真实、客观的信息,更要传播代表统治阶级利益的舆论。因此,树立起群众观还要求媒体要站在群众的角度从事新闻传播活动,为人民群众代言。新闻工作者应该树立起为人民群众服务的意识,在新闻传播中处处以人民利益为先,将自己的活动置于为人民服务、为社会服务的前提之下,以社会效益为第一原则。近年来,在我国新闻战线推行的"走基层、转作风、改文风"活动是媒体树立群众观的重要途径。新闻工作者深入新闻第一线,深入群众的生产、生活中去,以百姓喜闻乐见的形式对其关心的问题进行解答、报道,这大大增强了新闻传播的吸引力,提升了传播效果,履行了媒体的社会责任。

而某些媒体在报道中罔顾事实、违背人民群众的利益,这就可能造成其社会责任的缺失。个别媒体及其新闻工作者的有偿新闻报道和失范行为等直接伤害了人民群众的感情和媒体的公信力,不论他们的行为是出于何种目的,但凡是背离了人民群众的利益,必然会出现社会责任的缺失。类似的事例还有很多,这些事件都说明了媒体在从事新闻活动时,应该首先考虑人民群众的利益,树立起媒体群众观,这是由我国社会主义体制所决定的,也是媒体履行社会责任的最好体现。

从政治生态因素的角度来看,媒体履行社会责任与政治体制、政府组织之间有着密切的联系,他们之间既相互制约又相互作用。政治体制和政府组织影响着媒体履行社会责任,而媒体是否履行社会责任也会对政治产生反作用。

媒体社会责任对国家政治的反作用主要体现在媒体对政治体制、政府组织的舆论监督方面。舆论监督是公众运用舆论力量和手段对监督对象所实行的监督,在舆论监督中,媒体舆论监督是主要且有效的方式,是民众监督政府的主要方式。媒体的舆论监督具有重要作用,是民众参与政治的重要形式,也是政治民主的重要保障,有效的监督有利于党和政府的廉洁奉公,有利于化解社会矛盾、弘扬社会正气,推进我国依法治国的进程。

新闻媒体是连接政府和群众的桥梁和纽带,新闻媒体的正面宣传也好,舆论监督也罢,都是做好政府工作的重要动力。我们必须要清醒地认识到,当今世界正处于百年未有之大变局,世情、国情、党情、社情、民情、舆情变革日趋深刻。一方面,新媒体时代,民众的思想观念、价值观念呈现出多样性、差异性和独立性的特征;另一方面,国家的全面深化改革进入攻坚期和深水区,改革发展任务异常繁重。政府领导干部要高度重视新闻舆论工作,在多元中立主导、在多样中求共识、在引领中举旗帜、在服务中聚民心。现阶段,新闻舆论要凝心聚力、动员群众、回应关切,调动公众的主人翁意识和积极参与公共事务管理意识,使公众提升对国家和社会公共事务管理的热情,并将媒体舆论监督作为一种捍卫民主、管理社会的有效工具和手段,积极地加以利用。因此,媒体一定要切实履行其舆论监督的社会责任,这对于国家政治文化和民主环境的养成具有重要的作用。

2.2.2　经济生态因素与媒体社会责任担当

新闻具有商品属性,这一点早已经被社会认可,新闻媒体为了更好地生存和发展,必须要有一定的经济来源,以供养其经济命脉。经济生态与媒体的发展有着密切的联系,每一家媒体要想规律地循环运作,必须有维持其运作的资金,这直接决定了媒体是否能够生存以及媒体发展的状态和规模。因此,在市场经济背景下大众传媒将适合大众需要的内容提供给他们,这既满足了受众的需求,又是媒体适应市场的表现,是媒体生存发展的必然选择。

不同国家与不同地区的经济体制和经济发展状况直接决定了该国或该地区媒体发展的物质基础,任何一家媒体的发展都不能脱离其所在社会的整体经济体制和发展水平而单独存在。在资本主义社会,媒体大多数是私有制,一般依附于较大的经济资本集团,以集团的巨大财力来支撑自身的发展和运作,而这些大型资本财团则通过媒体发布有利于自身发展的新闻、评论和大量广告,直接或间接地控制着媒体,媒体和财团之间以经济为纽带形成了相互利用的关系。在这种相互利用之中,媒体的社会责任状况势必要受到影响,媒体真实、客观的报道机制也将因利益因素的制约而消失殆尽,最终造成媒体社会责任的缺失。

我国自改革开放以来,市场经济迅猛发展,媒体随着我国经济体制的转型也在逐步进行调整,力求维持整个生态系统相对平衡的状态。在这种调整中,具有商品属性的新闻媒体也逐渐"断奶",投身到市场经济发展的大潮之中,逐步走上了自负盈亏、独立发展的道路。在市场经济中,追求经济利益成为一种自然过程,而经济发展并不一定会推动道德的进步,相反往往容易造成人们由于受到利益诱惑而陷入道德缺失的困境。市场经济与道德进步之间并不是直接矛盾或排斥的,相反市场经济讲求公平、公正,道德失范是一些人自我约束的缺失造成的。

在这种市场化的发展和运作中,媒体的组织框架、运作机制等需要不断地进行调整,力求使媒体运作达到最佳的状态。而媒体的这种大幅度调整的状态和结果将直接影响到媒体履行社会责任的状况,如果媒体的框架、机制在自谋生路的发展中不断完善,那媒体将会充满活力,它可以更好地为社会和受众提供服务,履行相应的社会责任;相反,如果媒体在市场经济的发展中不能逐步完善自我,那各种制度的缺失和体制的疏漏将会把市场经济变成诱惑媒体的"禁果",媒体及其工作者都可能会因为过分追求经济利益而放弃自身的社会责任。因此,经济生态环境与媒体发展以及媒体履行社会责任之间有着紧密的关联。

媒体追求经济效益并没有错,但如果这种追求是建立在打破道德底线和违背社会责任基础之上的,是以违背受众利益和损害社会风气为代价的,那将是媒体在经济利益中的迷失。

当然,在市场经济中媒体社会责任的缺失并不仅仅表现为了吸引眼球而提供虚假、低俗的信息,当媒体提供琐碎、无聊的内容时,其本质也是社会责任的缺失。市场经济讲求公平交易,当受众付费去购买新闻时,媒体必须要保证信息的质量,而媒体无深度、无内容的报道无疑违背了公平交易的原则,对于受众的付出来说这种交易是不对称的,可以说媒体是违背了市场经济中公平交易的原则,是自身功能和价值的错位。

经济生态环境与媒体履行社会责任之间的这种关联并不是单向度的,它们之间的作用和影响是相互的,两者之间有着密切的关系。经济的异化可能会造成媒体社会责任的缺失,而媒体是否承担社会责任也会对经济的发展产生影响。

负责任的媒体能够依据客观事实进行真实、客观并且完整的报道,这些报道可以为经济的发展提供可靠依据,对国家加强经济调节、调整产业结构、规划长远发展都具有重要意义。负责任的媒体还应该对经济发展中出现的问题或倾向及时作出预警,对经济发展进行有效的舆论引导和舆论监督,防止经济发展出现偏向。负责任的媒体向社会传递优秀文化和正能量,有助于构建社会主义和谐社会、培养民众积极向上的乐观心态,而这些都为经济的进一步快速、健康发展奠定了良好的基础。

尤其是现阶段我国经济发展呈现新常态,压力和机遇并存,这就更需要媒体履行社会责任,为经济的进一步平稳快速发展提供科学的参考依据。相反,如果媒体不能履行相应的社会责任,虚假报道和错误观点充斥于媒体之中,很可能会对经济的发展和决策作出错误的引导,甚至对社会的发展产生严重的负面影响。

2.2.3　文化生态因素与媒体社会责任担当

报纸、广播、电视、网络等大众传播媒介与文化生态环境有着密切的关系,可以说媒介为文化的交流、传播、融合提供了广阔的空间和主流的渠道,文化在媒介传播的过程中悄然地发生着改变,而媒介在传播文化的过程中也在不断地和文化产生融合,甚至可以说大众媒介本身也已经成为人类伟大文化的一部分。

在某种意义上,人类文化发展的历史就是传播媒介不断变化和创新的历史。可以说,在文化存在和传播的不同阶段,都要依赖于媒介的力量,媒介在文化发展中起到了重要作用。随着全球化的发展和改革开放的不断深入,我国经济和社会发生了翻天覆地的变化,文化也随之改变,由过去单一、封闭且较为稳定的一元文化变为多样、开放且变动性强的多元文化,而媒介在传播多元文化的过程中所担当的社会责任将更加重大。

就文化的地域和空间而言,多元文化主要是指种族之间、民族之间的文化共存、文化的平等认同。德国历史哲学家斯宾格勒在《西方的没落》一书中就将世界文化划分为埃及文化、巴比伦文化、印度文化、中国文化、古希腊罗马的古典文化、玛雅文化、伊斯兰文化及西欧文化八个系统。而每个国家在发展过程中,不同地域、不同民族也会形成不同的文化体系。随着全球化的发展和国家内部沟通交流的增多,不论从世界的角度还是从国家内部角度来看,文化必然都是朝多元化的方向发展,不同文化之间在相互作用中影响着世界的发展和人类的进步。

多元文化在交流中必然会产生冲突、融合等多种情况。当外来文化与原有文化能够有效互补时,两种文化就产生融合,和睦共处、共同发展。当外来文化不能与原有文化相适应时,两者之间就会产生冲突,冲突的结果或是两种文化中的强者获胜、彻底击溃另一种文化,或是双方在冲突中调整自我,重新形成互补和平衡的关系。也就是说,在文化交流中,如果不注意对弱势文化的保护,这种文化将会被强势文化所取代。所以,我们看到了优秀而充满活力的文化对传统衰败文化的取代,也看到了某些民族文化的日渐式微,而一种文化要想生存的唯一办法就是不断地提升自我。

就我国多元文化发展的情况来看,首先值得关注的是外来文化对我国文化的冲击。在全球化的发展过程中,西方强势文化对我国本土文化产生了巨大的冲击,这种冲击表现在遍布我国各地的麦当劳、肯德基餐厅,也表现在极具视觉冲击力的好莱坞大片。当然,中国具有五千年的文明史,文化历史底蕴丰厚,对外来文化的包容性也极强,在西方文化的冲击中,我国文化逐渐与之协调发展,形成了一种跨文化的交流和传播。我们还应该清醒地认识到,西方文化中虽然有可取之处,但也不乏一些低俗和不良的思潮,且这些思潮隐约有渗入我国文化的势头。媒体作为文化传播的主要渠道,面对外来文化时应该求同存异,激浊扬清,加强文化之间的沟通和交流,将西方文化中可取之处拿来为我所用,而对低俗和不良的文化沉渣,媒体切忌跟风而上。让受众清醒认识到西方文化侵略和殖民文化的沉渣泛起,这是媒体应尽的社会责任。

我国多元文化的发展还要注重国内不同民族、不同阶层之间的文化交流和融合。我国是一个统一的多民族国家,56个民族都有各自独具特色的文化,怎样促进民族文化之间的交流和融合,让每个民族的文化都能在和谐的中华文化背景下有所发展和进步,这也是媒体应尽的责任。除此之外,国家不同阶层的文化虽然有所区别,但每个阶层的文化也不是孤立存在的,它们彼此之间相互牵连、共同发展,因此,在健康向上的前提下,对每个阶层的文化都要给予发展的支持。媒体在文化传播中要注意各民族、各地域、各类型、各阶层文化之间的联系和沟通,要形成"和而不同"的发展局面,最终促进中华民族先进、和谐文化的发展和社会的进步。

除了更加多元化的发展,受市场经济发展和西方媒体消费文化渗入的影响,我国文化还表现出明显的消费主义特征。在市场经济的快速发展中,我国社会开始出现阶层之间的分化,一些具有消费能力和消费需求的阶层开始出现更加多元化的需求,其中也包括其对大众传媒的消费需求。尤其是近些年随着网络媒体的普及,社会对大众传媒的消费需求越来越强烈,而这种需求也必然召唤着媒体适应市场、适应受众,作出改变。

其实从本质上来说,媒体是在经济利益的驱动下完成消费文化下的改变和生产的,是以消费为目的和目标来组织传播内容,而这种改变恰恰迎合了受众在消费文化中的心理需求,即感性化、娱乐化的特征,因此休闲娱乐、购物消费等更加生活化的内容开始成为媒体传播中的一股潮流。不同时代、不同文化背景下的受众需求可以通过媒体去释放,而满足受众的需求是媒体担当社会责任的积极表现,但是当媒体中浅显化、娱乐化、碎片化的内容愈演愈烈甚至成为主流时,媒体的功能就出现了错位和异化,也将引导社会偏离正常的发展轨迹,造成难以想象的严重后果。

《青春有你》《创造营》等节目就是消费文化下催生的过度娱乐化典型性节目。这些娱乐节目从诞生起就存在过度娱乐、追星炒星的问题,这种没有门槛、没有距离的节目,只是在一定程度上满足了社会转型期受众在娱乐消费上的需求,只留给观众满地的娱乐碎片和对时间的无谓消磨。相反社会中与之相关的大量失范行为产生了,一些青少年由此滋生了浮躁的情绪,他们向往一夜成名甚至是不劳而获,如果任由这种不当的思想在社会中蔓延,极容易造成社会公德的丧失、公民素质的下降,各种社会矛盾将层出不穷。

在消费文化传播中,一方面我们应该认可媒体提供消费文化是在为受众服务,另一方面媒体也应该坚守底线,即消费文化传播一定要建立在维护社会正常秩序和良好风气的前提下。媒体在制作和传播任何节目时都应该以社会责任为导向,紧紧围绕"举旗帜、聚民心、育新人、兴文化、展形象"的使命任务,牢牢把握正确政治方向、舆论导向、价值取向,聚焦加快融合发展步伐,加快提升内容产品竞争力,加快释放事业产业活力,只有紧跟时代步伐、把握时代脉搏、聆听时代声音,依靠国家,依靠人民,才能激发广大观众的强烈共鸣,才能拿到真正的"流量密码",以真善美引领时代新风尚。

2.2.4　技术生态因素与媒体社会责任担当

根据传播技术的发展,人类的新闻传播活动一般分为口头媒介、手抄媒介、印刷媒介、电子媒介等不同阶段。人类最早的信息传播是以口口相传来完成的,随着造纸术的发明,语言文字有了较好的物质载体,人类进入手抄媒介阶段,比口头传播更加方便、有效,促进了人类文明的发展。印刷术的发明使报纸的产生具备了条件,新闻传播事业逐步开始走向成熟。无线电技术的发明是广播诞生的基础,而广播的出现打破了传播的时空界限,具有划时代的意义。电视是 20 世纪最伟大的发明之一,具有声画结合的特点,使新闻传播进入全新的阶段。而被称为"第四媒体"的互联网的出现,则以其即时性、海量性、交互性等特点,在新闻传播领域刮起一阵旋风,使新闻传播向着更加方便、快捷的方向迈进了一大步。

技术的进步不仅促进了新的媒介形态的产生,更促进了新闻传播报道方式的革新和变化。早期报纸上的新闻报道形式并不成熟,注重叙事的文学性却忽略了新闻的时新性,因而缺少真正新闻意义的报道,而电报的发明则大大改善了这一情况。美国南北战争期间,刚刚发明的电报技术被应用于新闻报道之中,身在战场的记者通过电报向报社传送稿件,但由于技术的不成熟和战争的动荡,电报时常中断,很多时候稿件无法完整地传输。为了应对电报突然中断的情况,记者发明出一种新的稿件写法,即按照事实的重要性排列顺序,把最重要的内容写在前面,这就是"倒金字塔式"结构。这种结构使新闻报道更加新鲜、客观、真实,接近其本来面貌。

录音技术的发明改变了以往广播新闻报道全部"照稿念"的枯燥现象,更多的外采声音被加入新闻报道之中,出现了录音报道、现场报道等多种广播新闻形式。这些报道形式现场感强,能够使受众更加真实、直观地感受新闻内容,广播新闻的可听性大大增强。

电视是一种声画结合的媒介形式,随着移动电话、摄像机、电子新闻采集设备、卫星通信、电视转播车等先进设备的发明和应用,电视的视觉化报道能力进一步加强,基本可以随时实现现场直播,第一时间带给受众最直观的新闻报道。此外,随着科技的进步,电视新闻报道"可上天,可入海",把人类能探索到的每一个角落都呈现在受众面前,实现全方位、立体式的报道。

互联网技术发明后,从最早的军事应用逐渐渗入到民众的社会生活中,并以惊人的发展速度迅速在人们的生活中占据了重要地位,新闻报道方式也随之产生巨大变革。网络改变了媒体报道新闻、受众接收新闻的传统方式,将"传者"和"受者"的界限打破,社会进入"公民新闻"时代,人人都可以将自己的所见所闻通过论坛、博客、微博、微信、QQ 等即时通信工具进行发布,"人人都可以当记者"。这种人人参与的全新报道方式可以在第一时间将现场情况传递给受众,因此在突发事件的报道中发挥着越来越重要的作用。在这个互联网迅猛发展的时期,越来越多的民众开始选择利用微信公众号、自媒体平台、应用软件App等为民众提供所需要的资讯。近年来,在新冠疫情事件、河南暴雨救援事件、巴以冲突事件中,普通民众利用网络平台及时发布消息和事件的最新进展,大大提升了事件报道的时效性,也引起了人们对网络时代报道方式变化的讨论。

在2020年抗击新冠疫情的报道中,网络媒体是民众获取新冠疫情事件原因、相关病毒知识、治疗手段和防御措施等信息的重要渠道,在新冠疫情暴发之初,网络媒体以其传播速度快、信息覆盖面广等特点,满足了民众对了解新冠疫情的需要,在一定程度上缓解了民众的恐慌情绪。在这场国人与病毒抗争的"战斗"中,网络媒体通过正能量的科普宣传,教育引导老百姓积极主动接种新冠疫苗,承担着"引导群众、服务群众"的工作使命。在这次新冠疫情复杂的舆论环境中,新闻媒体体现出自身的责任和担当,为打赢这场疫情防控战、阻击战,守护人民群众的生命安全做出了媒体人应有的贡献。

此外,大数据这一新兴技术对媒体的影响正在一步步显现。在2020年初暴发新冠疫情后随之而来的防控和治疗过程中大数据技术贯穿始终,为国家精准防控提供了必要的技术支撑。当然,大数据对传统媒体的经营管理方式带来了巨大的冲击,其数据收集、数据管理及数据应用对于传统媒体来说都是一种巨大的挑战,媒体必须采用新的技术方式并使用一批新的人才才能适应大数据时代的要求。此外,大数据的质量参差不齐,有很多数据的真实性值得怀疑,新闻工作者必须具备火眼金睛,洞悉具有新闻价值的大数据是否真实、可靠。这就隐含了大数据对媒体真实、客观传播可能带来挑战和影响,也是大数据可能对媒体履行社会责任带来的负面影响。但是事物往往具有两面性,大数据作为未来的一种发展趋势,给媒体带来的挑战和机遇是并存的。在新闻生产中加入大数据,可以带给受众耳目一新的感觉,而利用大数据进行受众调查和传播效果研究也将大大地提升媒体的传播效果,这些都将促进媒体更好地履行社会责任。媒体今后的发展趋势之一就是收集、整理海量的用户数据,然后利用大数据进行分析、归纳,并根据用户自身的喜好推送不同的内容,所以说谁能够通过数据挖掘和掌握用户的需求,谁就能够在今后的大数据时代占得先机。

由此可见,科学技术对新闻传播的产生和发展具有重要的影响,日新月异的技术生态为媒体的发展提供了充实的物质基础,技术的进步不仅促进了新的媒介形态的产生,更带来了新的报道方式。在此基础上,技术助推新闻传播事业不断向前发展。技术的进步可以使媒体更好地接近事实、表现事实,挖掘新闻背后的新闻,这就为媒体更好地履行社会责任打下了坚实的基础,但媒体是否能够掌握技术并对技术善加利用,直接决定了媒体履行社会责任的状况。

2.3　小结

媒体的社会责任从本质上来说是媒体必须履行的一种义务,义务与权利是相辅相成的,既然要求媒体承担社会责任,就应该赋予媒体相应的权利,这是保证媒体履行义务,即承担社会责任的基础和前提。在社会实践中,媒体享有的新闻自由是媒体履行社会责任的基础,是与媒体履行社会责任相对应存在的权利。但在现实社会中,媒体这些权利的发挥还受到了各种因素的制约,甚至因此而出现行为的失范。我们应该如何去寻找这些因素呢?这就要求我们必须关注媒介生态系统,从媒介生态的视角去探究影响新闻自由权利的各种因素,这些因素是造成媒体社会责任缺失的主要原因。媒介生态与媒体社会责任之间的这种密切关系正是两种理论之间的关联之处。

媒介生态系统是一个受多种因素影响和制约的复杂开放型系统结构,这一结构随着内外部各种因素的变动而不断调整自我,力求达到相对平衡的状态,我们应该用和谐的视角来认识媒介生态,并且以追求媒介的和谐发展为最终目标。作为社会的"守望者",媒体承担社会责任的最终目标也是希望能够通过履行自身的职责来推动社会的民主法治与公平正义,最终促进社会主义和谐社会的构建。由此可见,媒介生态与媒体社会责任的根本目标都是追求社会大系统的和谐与平衡的关系,两者有着密切的关联性。因此,以媒介生态的视角对媒体履行社会责任进行研究也要讲求一种相对平衡的关系。可以说,媒介生态的状况与媒体的社会责任担当关系密切,在很大程度上决定了媒体是否能够履行社会责任,履行社会责任的状况如何,而媒体社会责任的履行状况又反作用于媒介生态,对整个媒介的生态平衡产生影响。因此,我们必须考察媒介生态中政治、经济、文化和技术等要素,它们与媒体社会责任担当相互博弈和作用,这将直接决定媒介生态与媒体社会责任担当之间的关系。

　　从政治生态因素来看,媒体是否履行社会责任,媒体履行社会责任的状况受到国家政治的影响。媒体社会责任理论的诞生与当时西方社会的政治有密切的关系,甚至可以说当时的政治压力直接推动了社会责任理论的诞生。我国作为社会主义国家,人民群众当家作主,是社会的统治阶级,因此媒体应该树立起群众观,更多地代表并维护人民的观点和利益,这是其应尽的社会责任。此外,媒体是否履行社会责任也会对政治产生反作用,这种反作用主要体现在媒体对政治体制、政府组织的舆论监督方面。

　　从经济生态因素来看,它与媒体的发展有着密切的联系,每一家媒体要想规律地循环运作,必须有维持其运作的资金。媒体追求经济效益并没有错,但如果这种追求是以违背受众利益和损害社会风气为代价的,那将是媒体在经济利益中的迷失。此外,少数媒体无深度、无内容的报道违背了市场经济公平交易的原则,是自身功能和价值的错位。经济生态环境与媒体履行社会责任之间的关联并不是单向度的,媒体是否承担社会责任也会对经济的发展产生影响,负责任的媒体能够依据客观事实进行真实、客观并且完整的报道,能够对经济发展中出现的问题或倾向及时地作出预警,还能为社会传递优秀文化和正能量,这些都为经济的进一步快速、健康发展奠定了良好的基础。

　　从文化生态因素来看,随着全球化的发展和改革开放的深入,我国文化由过去单一、封闭且较为稳定的一元文化变成多样、开放且变动性强的多元文化,媒体在面对外来文化时应该求同存异,激浊扬清,加强文化之间的沟通和交流。在我国多元文化的传播中,媒体要注意各民族、各地域、各类型、各阶层文化之间的联系和沟通,要形成"和而不同"的发展局面。此外,受市场经济发展和西方媒体消费文化渗入的影响,我国文化还表现出明显的消费主义特征,休闲娱乐、购物消费等生活化的内容成为媒体传播中的一股潮流,满足受众的需求是媒体担当社会责任的积极表现,但是当媒体中浅显化、娱乐化、碎片化的内容愈演愈烈甚至成为主流时,媒体的功能就出现了错位和异化。

　　从技术生态因素来看,科学技术对新闻传播的产生和发展具有重要的影响,技术的进步不仅促进了新的媒介形态的产生,更带来了新的报道方式,因此,技术的进步可以使媒体更好地接近事实、表现事实,这就为媒体更好地履行社会责任打下了坚实的基础,但媒体是否能够掌握技术并对技术善加利用,这直接决定了媒体履行社会责任的状况。尤其是随着网络技术的应用,社会进入

"公民新闻"时代，普通民众利用网络平台及时发布消息和事件的最新进展，大大提升了事件报道的时效性，也引起了人们对网络时代报道方式变化的讨论。大数据对媒体带来的影响喜忧参半，媒体今后的发展趋势之一就是收集、整理海量的用户数据，然后利用大数据进行分析、归纳，并根据用户自身的喜好推送不同的内容，所以说谁能够通过数据挖掘和掌握用户的需求，谁就能够在今后的大数据时代占得先机。

3 现阶段媒介生态对我国媒体履行社会责任的影响

当代中国社会正处在不断发展和变革的新阶段,在数字化、市场化、全球化等诸多因素的叠加影响下,我国正面临着巨大的社会转型,而作为社会信息沟通交流主渠道的大众传媒也在这一波澜壮阔的转型中不断地调整自我,适应着社会的变化。在这一阶段中,政治、经济、文化、技术等诸多因素的创新和激变为大众传媒打造了全新的媒介生态,而新的媒介生态环境又对我国媒体履行社会责任的状况产生了一系列的影响,从而使我国媒体履行社会责任的状况出现了新的特征和表现。

本章回顾了我国媒体履行社会责任的历史状况以及现阶段我国媒介生态的特征,在此基础上,笔者探讨了在现阶段媒介生态环境下我国媒体的社会责任,这是一种有益的探索和尝试。

3.1 我国媒体履行社会责任的历史状况

新中国成立后,我国媒体在社会的起起伏伏中不断向前发展,其社会责任的履行状况并不是一帆风顺的,而是受到当时社会多种因素的影响和制约,呈现出与当时社会相适应的状态。

从中华人民共和国成立到改革开放前,这一阶段的中国社会经历了建国初期的百废待兴、"大跃进"和"文化大革命"等政治运动,而这一时期并不算强大的中国媒体也热情地投身于社会发展及政治运动之中。

改革开放以后,我国走上快速发展的轨道,在这一阶段,大众传播的角色开始回归,逐渐履行起媒体的社会责任。随着改革开放和"以经济建设为中心"等口号的提出,经济生态因素不断发展壮大,成为媒介生态中最为重要的因素之一。可以说,这一时期的政治生态因素和经济生态因素共同成为媒介生态中具有决定性影响的重要因素,而处于政治生态因素和经济生态因素共同影响之下的文化生态因素则越来越多地表现出商品性和服务性的特征。

在这一阶段,生活和生产中的各种变化直接导致受众的新闻需求被释放出来,他们需要获知信息、了解社会,因此在这一时期我国开始出现深入市场、反映民情民意的报纸。随着传媒体制的改革,20世纪70年代末80年代初,我国媒体还进行了一系列有影响力的批评报道,媒体舆论监督的功能也逐渐凸显。在这一时期,我国媒体通过一系列探索和报道参与到改革开放的社会实践中,通过自身的努力促进了社会的发展和人民的进步,其自身也在改革开放的浪潮中不断成长。这一阶段我国媒体正在由党的"喉舌"一步步转化为党、政府和人民的"喉舌",其信息传递、舆论监督等功能正在一步步地凸显,可以说,这是媒体所作的一种有益的尝试,在这种尝试中媒体的社会责任正在一步步地建立起来。然而在改革开放初期的中国,媒体的政府责任不可能完全被其社会责任所替代,因此这一阶段也成为媒体政治责任与社会责任并存的阶段。

我国确立社会主义市场经济体制后,极大地促进了社会的发展和改革,人们的思想意识逐渐开放,社会对信息的需求日益增强。在这一背景下,国家对媒体开始了较为科学的管理,要求媒体在市场经济中自谋出路,国家将不再对其拨款和补贴,并提出了媒体发展要遵循"事业性质,企业管理"的路径,这一决定将媒体推入市场经济的大潮中。为了求得生存和发展,媒体开始积极地面向市场进行调整和改革,并逐渐发展壮大起来。

可以说,这一阶段的媒体发展与市场经济有着密不可分的联系,其社会责任的履行也是在市场经济的背景下完成的。在这一阶段中,市场经济的背景使媒介生态中经济因素的影响力日趋扩大,并逐渐发展为一种相对独立的生态因素。在政治生态因素和经济生态因素的共同影响下,文化生态因素在表现出政治性的同时,更为明显地表现出市场化的特性,这种特性将完全颠覆生态系统原有的内部结构,对其把握不当将可能导致整个媒体生态系统的失衡。因此,市场化的特征就直接导致我国媒体履行社会责任进入一种复杂的现实阶段。一方面,市场经济使得媒体的产业属性得到彰显,媒体得以迅速发展壮大,成为国家和社会发展中的重要力量。在这种条件下,媒体履行社会责任的意识和能力都明显增强,媒体在不断拓展规模和领域的同时,也在更加积极地履行传递信息、传承文化、舆论监督和引导等社会责任,这既满足了受众的信息需求,也为国家的良性运转提供了舆论支持。另一方面,当媒体融入市场经济的发展成为利益主体时,追求利益最大化就成为其本能性的行为,这直接导致社会阶层传媒的日益壮大,而将受众视为公民的公共传媒却日渐式微,甚至一些本可能成长为公共传媒的媒体也遭到挤压而日渐转型为阶层传媒,这将直接导致媒体公共性的缺失,媒体履行社会责任受阻。这表现为在市场化的发展中,一些媒体一切朝"钱"看,完全放弃了自身公共领域的职能,不顾本应该承担的社会责任,而是以自身利益的最大化为目标,这导致媒体在传播中出现了一系列虚假和低俗报道。这些报道传递了错误的信息,对国家发展和人民生活进行了不正确的引导,而低俗的内容更是破坏了社会发展的氛围和风气,对社会的可持续性发展带来不良影响。

新时期,以习近平同志为核心的党中央高度重视新闻舆论工作,提出了一系列重要指示要求,做出了一系列重要安排部署,为做好新时代党的新闻舆论工作提供了根本遵循,指明了前进方向。在党的二十大上,习近平总书记对文化工作作出了一系列重要指示,他指出要以社会主义核心价值观为引领,发展社会主义先进文化,弘扬革命文化,传承中华优秀传统文化,满足人民日益增长的精神文化需求。这就为做好新时代党的新闻舆论工作提供了根本遵循,指明了前进方向。主流媒体要积极作为,自觉承担起举旗帜、聚民心、育新人、兴文化、展形象的责任使命,守住守好意识形态领域阵地,真正担负起传播者、记录者、推动者、守望者的角色。切实提升新闻舆论工作的传播力、引导力、影响力、公信力,逐步形成与新时代中国特色社会主义相适应的新闻品格和新闻力量,推动新闻舆论工作逐步实现与中华民族伟大复兴同步进行,成为党领导人民实现伟大梦想的得力帮手。

随着全媒体时代的来临,中国媒体进入一个全新的发展阶段,媒体的社会责任状况也更加复杂化。网络媒体以其海量性、即时性等特点更加迅捷地为受众传递信息,而信息的内容也更加丰富。更多的草根阶级参与到网络媒体之中,在新闻报道、舆论监督等方面发挥着自身的作用,可以说,这是媒体更好地承担社会责任的表现。但是网络媒体是把双刃剑,网络媒体又同时是新闻失实、低俗化的重灾区,网络侵权、舆论暴力等现象也十分严重,这些媒体社会责任缺失的问题又亟待解决。

3.2 现阶段我国媒介生态的特征

在中国特色社会主义进入新时代的今天,我们仍然面临各种复杂、长期、严峻的考验,特别是各种社会矛盾相互叠加,集中呈现,意识形态领域斗争依然复杂。各种思想文化相互影响激荡,特别是新冠疫情常态化防控后,各种西方主义思潮暗流涌动,一些社会成员思想道德滑坡,一些模糊错误观点时有出现,还有一些敌对势力内外勾结,与我争夺人心。在此背景下,新闻媒体在进行传播时要切实承担起社会责任的理念已经成为社会的共识,这对我国经济发展、社会稳定、人民安居乐业具有重大的促进作用。新闻媒体履行社会责任的状况受到媒介生态的影响,在不同的媒介生态条件下,媒体的发展及其所承担的社会责任状况是有所不同的。随着我国社会正在向媒介化社会转型,政治、经济、文化、技术等媒介生态因素都在急剧地变革,这种改变又进一步影响着我国媒体的发展。

3.2.1 政治生态——国家治理现代化的提出

大众传媒与政治素来有着密不可分的关系。在现代文明社会的框架中,媒介传播是社会政治文明形成并有序运行的前提,媒介系统依靠自身功能的发挥为政治运行提供信息资源,并在这一系统中塑造和调节着人们的政治意识和行为,而政治系统和政治文明的程度也决定了媒介系统的活动空间及其社会地位。媒介与政治之间这种密切的关系就注定了政治生态对大众传媒的影响是必然的且影响力是巨大的。目前,我国的政治生态清明,海晏河清、风清气正的政治生态正积极影响着我国大众传媒的健康发展方向。

媒介的政治生态主要是指一个国家的执政方针和各种政策制度的制定实行,在意识形态等方面规制着大众传媒的形态和发展方向。大众传媒需要通过政府信息公开和各项政策管理来完成自身的工作,在不同的政治生态中大众传媒的职能和状态是不同的,同时政治生态也会受到经济生态、文化生态和技术生态的影响,在市场经济深化发展、社会日益多元化发展的今天,大众传媒应该以其迅速广泛的传播特点为公众提供客观真实的信息以及多元化的表达方式，这既是现代社会发展中民众的必然需求，也是打造和谐的舆论氛围和社会氛围的先决条件。因此，政治生态的现代化和开明化是社会发展的必然要求，也是更好地规制媒体的前提。

党的十八届三中全会提出了国家治理体系和治理能力现代化，这是第一次将国家治理体系和治理能力与现代化联系起来，是深层次的现代化维度。国家治理体系和治理能力现代化应是全景性的，全面深化改革是现代化不同子系统的大合奏，只有现代化的不同维度协同发力和联动推进，才能形成国家治理体系和治理能力现代化的集群效应。国家治理体系和治理能力现代化必须坚持党的领导，坚持和完善中国特色社会主义制度，我国国家制度和国家治理体系具有多方面优势，既体现了科学社会主义基本原则，又具有鲜明的中国特色、民族特色和时代特色。国家治理体系和治理能力现代化需要更加注重各方的积极性、参与性，充分调动全社会各方面的力量，共同实现现代化、实现社会的和谐与进步。国家治理体系和治理能力现代化的提出是国家注重各方的主观能动性和参与性的一个积极信号，我国媒体要充分认识自身在推进国家治理体系和治理能力现代化中的职责使命，坚持大局意识、全局思维，把自身放在推进国家治理体系和治理能力现代化的大局中，主动对标对表，做好自我调适，充分发挥媒体作用，推动经济社会发展，不断完善落实新闻运营管理制度，积极探索完善新闻媒体现代化发展机制和治理机制。

国家治理体系和治理能力现代化的提出也意味着政务信息要更加公开、透明，要以推行电子政务、建设智慧型政务管理为抓手，以大数据为途径，推动政府信息共享，提升政府效能。政府可以利用互联网时代全新媒体的特点，主动将政务信息及时主动反馈给民众，主动邀请民众互动、参与到社会政治事务，调动社会各方的积极性，为国家建设和发展献计献策，这意味着网络媒体的发展有了更广阔的空间。我国政府先后出台了多项措施推动互联网及信息产业的发展，国家领导人也多次公开表达了支持互联网、应用互联网的态度，而国家治理体系和治理能力现代化的提出，不仅进一步为网络媒体的发展扫清了不必要的制度管理方面的障碍，还将看似严肃、古板的政治与时尚、快捷的网络媒体紧紧地连在一起，发展出一种"微政治"的趋势。例如，中国政坛中的网络问政、微博问政等就是网络媒体与政治的良性融合，体现了一种柔性策略。网络媒体在其中承担的角色是政府与公众间平等交流的平台,这也是国家治理体系和治理能力现代化中媒介政治生态转变的积极变现。

从本质上来说,国家治理体系和治理能力现代化是我国政治文明的体现,这符合现阶段我国社会发展的状况,满足了人民群众日益增长的信息需求。随之而来的问题是宽松的政治环境下如何保证新闻媒体能够用好自身权利、实现良性发展,如何保证媒体更好地履行社会责任并进一步推进政治文明建设。基于大众传媒良性发展对国家和社会的重大意义,这一问题也成为新的媒介政治生态环境下人们关注的焦点之一。

可以说,媒体的传播与国家的政治意识文明、政治制度文明、政治行为文明有着密不可分的关联,我国媒体应该借助这一有利条件积极调整自身结构,更好地履行社会责任,服务政治制度与社会制度建设。习近平总书记在党的二十大报告中指出,"加强全媒体传播体系建设,塑造主流舆论新格局"。这就要求新时期媒体要承担社会责任,积极适应新型技术发展趋势,建设好移动传播平台,管好用好商业化、社会化的互联网平台,让主流媒体借助移动平台传播,牢牢占据舆论引导、思想引领、文化传承、服务人民的传播制高点。习近平总书记的系列讲话为我国媒体发展指明了新方向,同时也对媒体发展提出了新要求。作为社会主义国家,我国媒体具有"事业性质",媒体是党和政府的宣传部门,必须守护社会主流意识形态,维护社会体系和性质。因此,其传播也要在党和政府领导下进行。但是,新时期的社会强势发展和快速变革又决定了媒体不能单纯地进行宣传,它必须协调社会各机构之间的关系,促进社会的有序运行,为社会生产和人民生活服务,因此承担社会责任是媒体存在的重要意义和价值。基于此,现阶段我国媒体履行的社会责任是在国家治理现代化背景下的社会责任。

3.2.2 经济生态——市场经济的深化发展

经济生态是媒介生态环境中的重要部分,不同于文化生态等软性的生态因素,经济生态以一种"硬"的力量影响着媒介的发展。2001 年 11 月 28 日,中国正式加入 WTO,这意味着中国市场经济的发展得到世界的认可,在随后的发展中,我国市场经济进入一个快速发展的阶段,经济市场化程度不断提升,国内生产总值连年增长。随着市场经济的发展,城乡居民收入持续增长,人们的生活质量和消费能力不断提升,民众对信息资讯、文化娱乐等方面有了更大的需求和更高的要求。在市场经济中这种需求必然会得到回应,各类媒体、各类媒体产品层出不穷,这既满足了受众的多样化需求,也使媒体获取了巨额的经济利润,这也从本质上凸显出经济生态对媒介发展壮大的根本性影响。

随着市场经济的不断推进和网络技术的迅猛发展,网络经济已成为市场经济深化发展中不可忽视的一股力量。艾瑞咨询最新调查数据显示,2019 年中国网络经济市场规模为 53 774.2 亿元,同比增长 21.3%,规模增长显示出放缓的态势,在新冠疫情影响下增强了消费者使用习惯的文化娱乐和在线教育,将在未来几年中稳定扩大市场占比,并带动内容板块规模快速扩大。同时,伴随着互联网对传统经济的快速渗透,整体产业经济将在互联网的带动下实现全面升级与深化改革。

网络经济的迅猛发展是我国媒体市场化发展中重要的影响因素。在网络经济发展中,大量的网络媒体随之发展壮大,如以腾讯、网易、百度等为代表的互联网企业,他们的年营业收入超过十亿元甚至百亿元,雄厚的经济实力使其拥有了为受众提供更好服务的基础和可能。另一方面,报纸、广播、电视等传统媒体也在积极地进行网络化的转型或调整,他们试图利用网络新技术,将传统媒体与网络媒体有机地融合起来,以此来适应网络经济时代的发展。不论这种调整的效果如何,我们都应该看到网络经济对媒体的影响,可以说它既是一种机遇,也是一种挑战。

此外,市场经济在发展中也为社会发展带来一些负面影响。在市场经济深化过程中,一些不合理、不规范的行为、因素还存在,为了追求经济利益而忽略法律规范和社会效果的行为屡见不鲜,成为市场经济深化发展中亟待解决的问题。在市场化不断推进的背后,我国经济还存在结构不合理、粗放型发展的问题。近些年随着市场经济发展的深化,我国正在逐步调整经济发展思路,不再是单独追求“量”的增长,而是越来越注意经济结构的调整,注重经济发展中的“质”。不可否认的是,这种“量”“质”并行的思路在一些地方、行业的经济发展中并没有完全被重视起来,以经济增长为第一目标、政治对经济干预过多等问题还没有彻底解决,这是我国在市场化发展中亟须解决的问题。

在市场化不断推进的背景下,媒介的产业属性进一步彰显,媒介组织开始自力更生,在市场经济的发展中展开激烈的竞争。为了适应市场化发展,近些年一些媒体开展了"跨地区"和"跨媒体"经营,甚至是更进一步开展传媒资本运营。随着数字化时代的到来,媒体之间的融合,尤其是传统媒体与新媒体的融合其根本目的是在新的发展趋势下更好地面向市场,获得生存和发展的空间。在这种融合中,受众可以通过手机、网络等多种终端获得媒介产品,媒介产品的形式、内容和传播渠道将变得更加丰富与多元化,这些都是媒体在市场经济中寻求积极发展的表现,这也必将进一步加剧媒介市场的竞争。

从良性发展的角度来看,媒体间的竞争可以使受众拥有更多的选择权,媒体因此更加重视受众的需求,可以说这是媒体面向市场的积极表现,这种竞争本质上也促进了媒体自身的发展,因此我们鼓励媒体间的正当、良性竞争。但是在经济利益的驱动下,现阶段我国一些媒体在市场经济的竞争和发展中破坏规则、恶性竞争的现象时有出现,在服务受众的过程中,一些媒体为了追求经济利益而出现了忽视原则、没有底线的行为,造成媒体无法履行社会责任甚至是违背其自身社会责任。从目前的发展现状来看,我国媒体还远远没有完成彻底的市场化转型,一些不属于市场的因素在转型过程中直接或间接地影响着我国媒体,这导致我国媒体产业规模和市场规模相对弱小,媒体的话语权不够强大,媒体资本运营不到位,最终媒体只能依赖广告收入而生存,这使得媒体极容易因经济利益而造成社会责任的缺失,这是当下媒体发展中的困惑和障碍。

在市场经济深化发展的过程中,不论大众传媒未来将会有怎样新的发展和突破,媒体对"量"的追求都不能建立在对"质"的忽略基础上,这是媒体在市场化发展中的根基。

3.2.3 文化生态——多元文化的形成

大众传媒是人类文明发展的结果,同时又催生了新的生活方式和文化现象,推进了人类文明的发展,大众传媒与人类文化发展呈现出一种相互促进、相互影响的关系。我国媒介的传播活动是在文化生态的环绕下展开的,社会的文化生态影响着媒介传播的内容和形式,大众传媒应该履行其传承社会文化的职责,文化作为传播中的物质和精神性内容,也会因为媒介传播的方式而产生变化。在这种相互交叠和作用之中,媒介与文化必然呈现出一种紧密的关联性。

文化的产生、发展、变异是社会多方面因素共同作用的结果。国家政治、经济的变革和发展对文化因素产生了巨大的影响,甚至可以说文化在发展中已经被深深地打上了社会的烙印。现阶段我国处于社会转型期，人们在教育水平、生活方式、经济收入等各方面存在差异，社会呈现出多元化的行为方式、生活方式和价值体系。在国家政治文明程度不断提升、市场经济深化发展的今天，人们的主观能动性越来越受到重视，传统的单一文化与一元文化再也不能满足社会不同阶层所呈现出的多元化的行为方式、生活方式和价值体系的需求，它亟须随着社会的变化而不断演进，满足社会不同人群或是多数人群的需求。因此，伴随着多元化价值观之间产生的冲突和碰撞，社会中的文化分层也日趋明显，可以说现阶段我国社会已进入一个文化多元化的时代。主导文化、高雅文化、大众文化以及民间文化等不同层次的文化相互交织、相互作用，形成了结构复杂的多元文化，这就对当下媒体提出了更高的要求。

在多元文化生态的影响下，以往媒体"大众化"传播的模式已经不能再满足受众的多样性需求，"大众化"传播在某种范围内正在向"小众化"传播和"分众化"传播转化。在"小众化"和"分众化"传播中，民众的多样性需求被认可和释放出来，受众可以根据自身的文化和认知体系选择需要和感兴趣的内容，并站在自己的立场上对公共事件进行解读和评论，从而发出与大众舆论不同的声音。

也正是由于媒体对多元需求和多元文化的释放，这些文化之间的碰撞和博弈将会变得更为显性化和激烈化。多元文化在当今复杂的社会转型中并不能够"天衣无缝"地彼此融合，而是会受到政治、经济、社会等各方面的影响而产生多样的矛盾和不协调因素，这种文化的冲突和博弈主要表现为三种倾向：

首先，随着社会利益主体的不断成长和分化，不同利益主体的利益诉求差异呈现扩大化趋势，对利益的追求导致社会关系的博弈成为一种常态，而这种博弈提供了一种意见表达的全新方式，通过协商的方式促进了我国的舆论监督和政治运行的推进。如在新冠疫情暴发初期，各地口罩紧缺，天价口罩以及民众大排长龙疯抢口罩等问题频出，一时间成为网络舆论的热点。网民在对事件表达观点的同时，也对一些地方政府出台的措施表达了自己的意见和态度。舆情研究监测到民众的疑问和态度后，及时预警并提供应对措施，官方开辟网络预约等渠道，供市民领取口罩，有效地解决了口罩供应混乱的问题，满足了民众的需求。可以说，网络中的舆情事件对我国舆论监督尤其是网络舆论监督起到了巨大的推动作用。

其次,网络传媒迅猛发展,已经成为民众消遣娱乐、表达意见甚至是影响社会发展的一支重要力量,网络媒体中的草根文化崛起,正在逐步成为大众文化传播的主流趋势,而以往社会中精英文化的影响却逐步被边缘化。近些年,网络媒体中的造星运动一浪高过一浪,各种"红人"和"名人"通过网络媒体被打造出来,其中既包括一些被网友曝光的"最帅交警""最美女教师"等正面形象,也包括一些以炒作为目的的网络红人,无论是正面还是负面形象,这些被打造的网络名人背后折射出的其实是草根阶层的生活和行为方式。

第三,在全球化发展中,我国文化领域进一步放开,文化传播逐渐与世界接轨,中国传媒在其运行理念和传播制度上正在发生着改变,新闻传播自由也正在成为一种受到法律保护的权利。新闻传播的自由从本质上来说是满足民众知情权的需要,在全球化发展中,人民的基本权利应该受到保障的理念日益深入人心,而这也正在改变着传媒的运行理念和规则。

在与多元文化相互作用的过程中,媒体也呈现出多元化的发展趋势,大众传媒呈现出宣传化、专业化和商业化的生产方式,多元化的生产方式间也会产生冲突和不协调,这就难免会出现报道的失真和失衡,而这种失真和失衡的报道又会反作用于我国的文化,误导和扭曲社会文化的良性发展路径,使多元文化之间的冲突加剧,社会矛盾凸显。因此,媒体如何协调各种文化之间的相互关系,使之相互沟通、相互交流甚至是相互融合,是当下媒体需要承担的重要责任。

3.2.4 技术生态——技术的日新月异

从技术生态来看,日新月异的新技术既为媒体发展带来了机遇,也带来了挑战。技术因素与社会发展之间的关系和作用可以说是极为密切的,随着新媒介时代的来临,中国媒体进入一个全新的发展阶段,媒体的社会责任状况也更加复杂化。

从网络媒体的特点来看,首先,网络媒体的传播具有即时性的特点。网络媒体不受客观物质条件的限制,信息可以进行实时传播、实时更新,在发布的瞬间信息便可以传达到世界的每一个角落。可以说,网络新闻报道不是以天计算,而是以分钟甚至以秒计算,只要受众打开页面,就可以获得新鲜的新闻信息,这极大地满足了当下快节奏生活中受众对信息求新、求快的要求。其次,网络媒体具有海量性的特点。网络媒体不同于传统媒体在传播中受版面、时段的限制,可以一种超包容的状态容纳各种形式和内容的信息。当人们点击一条新闻,除了新闻本身之外,网络中一般还包含相关的背景介绍和事件链接,这就大大丰富了人们的阅读,也展现出网络媒体海量性的优点。第三,网络媒体具有互动性强的特点。网络媒体以大众传播与人际传播相结合的方式,通过各种即时通讯软件吸引受众积极地参与到事件传播、评论以及相关话题讨论中来,扩展了新闻事件的社会影响力。最后,网络媒体还具有全球性的特点,它的传播不受空间和地域的限制,这是传统媒体远不能及的。就一般意义上来说,世界上任何一台电脑可以访问任何一个国家的任何网站,这就意味着世界上的国家、地区间的信息都不再是本地区的秘密,而全球化也让受众在信息获取中有了更多的自由性。

随着我国网络媒介的日趋壮大,这种媒介的诸多特点对我国媒介生态产生了巨大影响。一方面,网络媒体以其海量性、即时性等特点更加迅捷地为受众传递信息,信息的内容也更加丰富多样。网络媒体互动性强的特点也让更多的草根阶层参与其中,在新闻报道、舆论监督等方面发挥着自身的作用,可以说,这是媒体更好地承担社会责任的表现。然而网络媒体是把双刃剑,从另一方面来看,网络媒体的迅速传播又可能使其成为新闻失实、低俗化的重灾区,网络的开放性使得网络侵权、舆论暴力等现象十分严重,这些媒体社会责任缺失的问题又亟待解决。

此外,在新技术的促进下,新的媒介形态和报道方式不断演进,极大地促进了媒体的发展和媒体间的融合。现阶段,传统媒体和新媒体之间的跨媒体融合已经成为媒体发展的大势所趋,这种融合不仅是形式上的合二为一,更重要的是内容上的契合,因此就要求传统媒体和新媒体在同一机构和平台中根据自身的特点进行不同的传播,这将改变以往传统媒体单向传播的方式,更加注重和凸显媒体传播的交互性,提升了受众对媒体的接受程度。传统媒体与新媒体融合后,各种媒介技术都被利用起来,呈现出一种多媒体化的特点。例如,数字化广播一改以往传统广播只有声音的传播模式,可以在网上收听,不仅有语音,还有文字,甚至在播放歌曲时歌词也能同步收看。可以说这是媒介融合中的一种全新尝试,但是传播媒体在与新媒体融合的过程中也可能会产生媒体特色缺失、监管难度加大等一系列问题,这都容易造成媒体社会责任的缺失。

最新的《中国互联网络发展状况统计报告》显示,截至 2022 年 6 月,我国手机网民规模达 10.47 亿人,较 2021 年 12 月增长 1 785 万人,网民使用手机上网的比例达 99.6%。这种增长是现代社会发展的必然结果,也是社会生活的基本需要。随着生活节奏的日益加快,手机已经不仅仅只是移动电话,更是移动的多媒体接收终端,通过手机可以浏览新闻、收听广播、播放视频,还可以聊天交流,可以说媒体的移动化发展为其开拓了更加灵活、多元的形式和内容。但是这也在一定程度上给人们的生活带来了负面影响,一些手机使用者特别是青少年无节制地运用媒体,过度依赖手机媒体,导致其身心健康受到了极大的损害。

近几年,大数据在中国掀起了强劲的浪潮,在新闻生产中加入大数据,可以带给受众耳目一新的感觉,利用大数据进行受众调查和传播效果研究也将大大提升媒体的传播效果,这都将促进媒体更好地履行社会责任。媒体今后的发展趋势之一就是收集、整理海量的用户数据,利用大数据进行分析、归纳,并根据用户自身的喜好推送不同的内容。因此,谁能够通过数据挖掘和掌握用户的需求,谁就能够在今后的大数据时代占得先机。然而,大数据发展中可能存在的问题和弊端也不容忽视。例如,大数据的质量参差不齐,有很多数据的真实性值得怀疑,这就隐含了大数据对媒体真实、客观传播可能带来挑战和影响,也是大数据可能对媒体履行社会责任带来的负面影响。

3.3　现阶段媒介生态环境下媒体的社会责任

在现阶段媒介生态环境下,媒体在社会中发挥着更为重要的作用,其肩负的社会责任也越发重大。国家治理体系和治理能力现代化将更加注重人的主观能动性,多元文化的形成则表现为受众的需求越来越多样化,这都要求媒体更加注重受众的需要和喜好,更好地为受众服务。随着人们民主意识的增强,他们对舆论监督有了更明确、更强烈的需求。此外,市场经济发展中的弊端与多元文化中的不良因素可能会扰乱社会的正常秩序,破坏良好的社会风俗,这就要求媒体能够起到高举旗帜、引领导向的重要作用。因此,在社会转型时期,我国媒体应充分地满足受众需求、传递党的声音、讲好中国故事及维护公序良俗,这是现阶段媒介生态环境下媒体必须履行的社会责任。

3.3.1 满足受众需求

在传播学的发展历史中,受众一直是研究的重点内容,学者们对受众地位的认识也随着时代的变化而不断演进。最早的"靶子论"认为受众完全是被动的,对媒体传播的内容会全盘接受,就像被子弹射中的靶子一样。而随着媒体的发展和研究的深入,传者本位观念逐渐被受者本位观念所替代,受众的能动性得到重视,"使用与满足理论"把受众看作有特定需求的人,他们会根据自己的需要对媒体传播的内容有选择地接受。受众还会根据个人意愿对信息进行选择性接触、选择性理解和选择性记忆,以便使信息能够满足个人需求,与自身思维和行动模式协调一致,而当媒体的报道与受众的认知相背离时,受众可能会产生逆反心理,抵制媒体的传播。由此可见,受众的主观能动性是被逐渐认识并发掘出来的,今日之受众并不是单纯被动地"受",随着新的媒介生态环境的到来,受众的主观能动性从未像今天这样被如此重视。

在新的媒介生态环境中,国家治理体系和治理能力现代化的提出是党和国家更加密切联系群众,坚持全心全意为人民服务,坚持权为民所用的体现。也是更加注重各方的积极性和参与性的有益信号,这就为媒体监督公共权力的行为进一步提供了制度支撑。从技术条件来看,互联网等先进技术为媒体对公共权力进行舆论监督提供了有力的技术支撑。因此,作为公众监督公共权力的主要途径之一,现阶段媒体舆论监督的功能越来越受到重视,正在成为现阶段媒介生态环境下媒体必须履行的社会责任之一。

公众的舆论监督是民主监督的主要形式,现阶段这种舆论监督主要是党和人民通过新闻媒体来展开的。新闻媒体具有舆论监督的功能,作为社会的守望者,新闻媒体要对社会中违法乱纪的现象进行批评,对违背人民利益的行为进行揭露,特别是对公共权力运行中的不当行为,媒体更应该担负起监督的职责,促进社会朝着良性方向发展和运行。

在我国,受众是媒体宣传内容的宣传对象,媒体是党的喉舌。媒体必须无条件地担负起党的路线、方针、政策的宣传工作,做到守土有责、守土负责、守土尽责,这就要求我国媒体要明确自身职责、重视责任担当并切实履行好社会责任。要主动适应新型技术发展趋势,建设好移动传播平台,管好用好商业化、社会化的互联网平台,让主流媒体借助移动平台传播,牢牢占据舆论引导、思想引领、文化传承、服务人民的传播制高点。

在现阶段媒介生态环境下,经济的急速前进、多元文化的到来以及网络媒体新技术的普及等因素都在对人们的生活和思想产生冲击,受众的需求也因此变得越来越多样化。不同受众群体因为其文化水平、生活环境、年龄喜好等诸多因素的区别而产生了不同的需求,这些需求成为媒体传播的驱动力,是媒体取得良好传播效果的前提和关键。可以说,在人的个体和主观能动性越来越受到重视的今天,以人民为中心,满足受众的多样化需求是媒体履行社会责任的积极表现。

围绕中心,服务大局是新闻舆论工作的职责和使命,要坚持以人民为中心,服务社会大局。充分发挥媒体的引导作用、监督作用、惠民作用,为社会发展进步提供强有力的舆论保障。坚持党性和人民性有机统一,坚持走好全媒体时代的群众路线,把老百姓的心声反映上来,传递给各级党委政府,帮助党委政府更好地改进工作,服务群众,引导广大群众共建共享美好生活和社会发展带来的成果。

3.3.2　传递党的声音

党的十八大以来,新闻舆论战线以习近平新时代中国特色社会主义思想为指导,坚持守正创新,主动作为,唱响主旋律,传播正能量,激发了全党全国各族人民团结奋斗的信心和力量。特别是在改革开放 40 年、新中国成立 70 年、决战决胜脱贫攻坚、全面建成小康社会、抗击新冠疫情等重大宣传报道中唱响了时代主旋律。

改革开放 40 年来,中国发生了翻天覆地的变化,新闻媒体作为中国人民精神生活重要的载体、改革开放的记录者、见证者和参与者,经历了从无到有、从小到大、从弱到强的发展历程。改革开放之初,媒体行业主流的业态是广播,电视机算得上是稀罕物,谁家要是有台电视,大家都会去围坐在一起观看,那是 20世纪 80 年代初期特有的一道风景线。到了 80 年代后期 90 年代初,录像厅兴起,CVD/DVD 等新兴媒介开始快速占领市场,媒介形式更加多样化、丰富化。再往后新闻媒体从电视、广播、报纸等传统媒体进入互联网时代。除了传统媒体迅速接轨外,更多互联网公司迅速崛起,成为市场的重要传播力量。伴随着互联网成为市场主要载体和传播形式,人们获取资讯信息的渠道更加多元化,也更加便捷高效。展望未来,随着改革开放的大门越开越大,经济持续发展和技术的进步,新闻媒体也将走入智能媒体时代。

面对决战决胜的脱贫攻坚,新闻媒体发挥主阵地作用,在传统媒体与新兴媒体加速融合发展的过程中,综合发挥文字、图片、音频、视频等媒体形态优势,紧紧抓住脱贫攻坚的实践,围绕人物和故事做文章,弘扬扶贫正能量,传递扶贫好声音,唱响时代主旋律。

面对来势汹汹的新冠疫情,全国新闻媒体统筹线上线下,及时准确宣传习近平总书记重要讲话精神和党中央决策部署,快速、准确,全方位、全景式、全媒体讲述全国抗击疫情精彩故事。新闻媒体及时发布疫情相关数据,及时回应群众的关切,及时发布针对性、专业性疫情防控措施,及时公布专家建议和温馨提示,引导群众增强信心、坚定信心。

3.3.3 讲好中国故事

改革开放以来,随着我国综合国力逐步提高,经济不断发展,我国对内对外宣传力度和规模也逐渐加大,但仍缺少具有强大形象力、感召力、公信力的国际传播媒体,缺少具有吸引力、亲和力的传播内容,进而难以全面展示中国文化的魅力,展现中国经济的勃勃生机。打造外宣主流媒体是在国际传播领域打破西方话语垄断,打破西方文化霸权的需要。国际传播领域的不平衡并没有因为网络时代的到来而得到改善,事实上,西方发达国家正采取现代高科技、大众传媒、互联网传播等手段及其文化优势对发展中国家进行文化宣传、渗透、扩张、推行文化霸权,以达到影响控制这些国家文化的目的。

国际舆论格局是西强我弱,西方主要媒体左右着世界舆论。正因为如此,在党的新闻舆论工作座谈会上,习近平总书记提出践行新闻舆论工作"48 字方针",这就为媒体在内宣和外宣时指明了新方向,同时也对媒体发展提出了新要求。

首先,打造与经济实力匹配的话语权。自改革开放以来,我国经济飞速发展,据 2021 年全球 GDP 排名,中国紧随美国排名第二,GDP 为 16.86 万亿美元,同比增长 8%,增速为 20 强国家中的第二。在中国经济持续发展向好的同时,世界各国对中国的认知和好感并未与经济同步正向发展。在重大事件发生时,没有话语权,信息就得不到有效的传播,当世界各国无法接收到中国的声音,自然会偏听偏信,被少数不怀好意的信息带偏,从而对我国产生误会。只有打造与经济实力匹配的话语权,通过各种渠道宣传中国声音,才能向世界展示真正的中国,展现中国力量,消除误解。这就要求媒体做大做强,通过多种渠道打开对外传播的通道,更加真实、快速、有效地传播中国声音和中国文化。

其次,讲求传播的方式方法。受西强我弱的形势影响,中国的国际形象一直处于"他塑"的窘境。要想更好地传播真实的中国形象,讲好中国故事,必须讲求传播的方式方法。习近平总书记曾指出一个故事胜过一打道理,我们在日常的传播中应该以此为指导,讲好中国故事。顺着中华民族源远流长的历史脉络,讲清中华文明的特色和价值理念,讲好中国特色社会主义的故事,讲好中国人民和中国梦的故事,以此为契机向世界传递和表明中国致力于世界和平与发展的真诚意愿,传递中国智慧和中国主张。

第三,坚持包容的交流态度。在与世界的沟通和交流中,坚持开放的态度,既要"走出去",将中国的声音传遍世界,又要"请进来",将外国的优秀文化引入国门。只有这样,才能让世界更好地了解中国,也让中国更好地接触世界,有效地达到沟通交流的目的。在对外传播和沟通的过程中,我们应该维护世界文明的多样性,理性看待文化之间的差异,开拓多元化的交流渠道,促进人文交流。一方面,我们要把握传播的切入点,寻找适合表现中国精神并易于接受的内容。例如,李子柒通过美食短视频展示了我国的乡村风光和民风民俗,引发了受众的兴趣,用润物细无声的方式,表达东方文化,体现中国精神。另一方面,我们要拓展传播的渠道。通过官方学术交流、民间文化沟通等多种渠道拓展传播,普遍性开展国际文化交流与合作,多渠道传递中国声音。

在全球化背景下,中国要融入世界体系,实现全球化战略,增加中国在世界的话语权,就要在国际宣传上大力发展,客观、全面、真实地报道中国和世界上发生的事情,用西方听得懂的接地气语言,传播好中国声音,讲好中国故事,开启强势国际话语体系的建设。在传播中,我们必须旗帜鲜明、激浊扬清、敢于交锋、勇于亮剑,积极探索和构建"后西方话语"时代的中国话语体系。

3.3.4 维护公序良俗

我国舆论监督是建立在以社会和谐发展为目标的基础之上的监督,因此更讲求建设性。此外,我国媒体监督公共权力还存在着一些特殊性,我国媒体舆论监督是党和人民通过新闻媒介进行的监督,是我国行政监督体系中的重要组成部分。要保证新闻舆论监督是在党的领导下和人民监督下开展的,在这一基本前提条件下,媒体要积极监督、敢于监督。

在现阶段媒介生态环境下,媒体监督公共权力、守望社会的活动应该从以下两个方面进行:

第一,媒体应该提供一个公共的平台,用于对公共权力进行监督。媒体之所以可以监督公共权力,是因为媒体代表的是党和人民,是党和人民赋予了媒体监督权,因此媒体应该珍惜手中的权力,积极地开展监督活动。媒体在监督公共权力运行的过程中应该积极地邀请人民群众参与其中,这既有利于监督活动的开展,同时也是人民群众发挥监督权的积极表现。大众传媒应该为公众提供一个开放、平等且理性的公共平台,使社会不同阶层的公众能够在平台上自由而充分地表达自己的看法,这就为公众提供了一个宣泄和表达的有效渠道,有利于社会矛盾的疏导。同时,这一平台也为媒体开展监督公权的活动提供了有益的线索和思路,这有利于媒体监督公权活动的有效开展。

第二,媒体应该进行议程设置,对公共权力起到警示作用。除了对违法乱纪的组织和个人进行揭露和曝光外,对处于萌芽状态中的不当行为进行及时的警示、促其纠正,也是媒体监督公权的题中之义。媒体可以将分散的舆论集中起来,并通过议程设置来警示人们利用公权违法乱纪可能对社会带来的严重后果,进而引导公众监督公权,并使之成为全社会的共识,这将对公共权力组织和个人产生极大的警示效果。除此之外,新闻媒体还可以通过公开曝光、连续报道以及新闻评论等方式,对媒体监督公权的行为进行报道。一些违法乱纪人员不怕党纪政纪,不怕司法部门,但唯独害怕媒体的披露和监督,媒体的这种公开监督和报道恰恰可以起到警示的效果,将一些违法乱纪行为消灭在萌芽之中。现阶段我国媒体监督公权应该从当前的重点领域和重点问题着手,选择和百姓利益密切相关的领域,这样媒体监督公权的行为才能真正解决问题,才是真正为公众利益代言。

例如,中央电视台《焦点访谈》节目就是媒体对公共权力进行监督的开放而有效的平台。它根据国家政策和政府工作重心的变化对科教文卫、农林牧渔等各个权力部门开展监督,同时栏目根据受众的反馈积极地着眼于与公众利益密切相关的领域,为百姓代言。《焦点访谈》节目通过公开批评、节目反馈等形式与受众形成良性互动,成为一个媒体议程设置、公众监督权力的平台,受到了群众的广泛好评。

3.4　小结

本章回顾了我国媒体履行社会责任的历史状况以及现阶段我国媒介生态的特征,在此基础上笔者探讨了在现阶段媒介生态环境下我国媒体应该履行的社会责任。

从中华人民共和国成立到改革开放前,这一阶段是"政治挂帅"的年代,政治生态因素统御着经济生态因素和文化生态因素。我国媒体也只能顺应社会发展,更多地承担起了政治责任。改革开放以后,我国走上快速发展的轨道,这一时期的政治生态因素和经济生态因素共同成为媒介生态中具有决定性影响的重要因素,而文化生态越来越多地表现出商品性和服务性的特征,这一阶段成为媒体政治责任与社会责任并存的阶段。十四大之后,我国确立了社会主义市场经济体制,媒体社会责任的履行也是在市场经济的背景下完成的。在这一阶段中,市场经济的背景使媒介生态中经济因素的影响力日趋扩大,文化生态因素在表现出政治性的同时更为明显地表现出市场化的特性,因此这一阶段是市场经济背景下媒体履行社会责任的阶段。党的十八大以来,以习近平同志为核心的党中央高度重视新闻舆论工作,提出了一系列重要指示要求,做出了一系列重要安排部署,为做好新时代党的新闻舆论工作提供了根本遵循,指明了前进方向。随着全媒介时代的来临,中国媒体进入一个全新的发展阶段,媒体的社会责任面临更多考验。

随着我国社会正在向媒介化社会转型,政治、经济、文化、技术等媒介生态因素都在急剧地变革,这种改变又进一步影响着我国大众传媒的发展。总体来看,现阶段我国媒介生态的特征主要包含以下几个方面:从政治生态来看,国家治理现代体系和治理能力现代化的提出是国家注重各方的主观能动性和参与性的一个积极信号,这也意味着我国媒体发展将进一步打破原有的陈旧体系,更加依靠市场和社会的力量,同时媒体的发展将拥有更多的自主权。从经济生态来看,市场经济深化发展中媒介的产业属性进一步彰显,媒介组织在市场经济尤其是网络经济的发展中展开激烈的竞争,并开展了多种形式的市场化发展。从文化生态来看,我国文化呈现出多元化的发展态势,在与多元文化相互作用的过程中,媒体也发展出多元化的生产方式,而多元的生产方式之间也会产生冲突和不协调,这就对我国媒体履行社会责任提出了更高的要求。从技术生态来看,技术因素与社会发展之间的关系和作用可以说甚为密切,随着新媒介时代的来临,中国媒体进入一个全新的发展阶段,新技术既为媒体发展带来了机遇,也带来了挑战。

在现阶段媒介生态环境下,媒体在社会中发挥着更为重要的作用,其肩负的社会责任也越发重大。我国媒体要满足受众需求、传递党的声音、讲好中国故事及维护公序良俗,这是新的媒介生态环境下媒体必须履行的社会责任。

围绕中心、服务大局是新闻舆论工作的职责和使命,要坚持以人民为中心,服务社会大局。充分发挥媒体的引导作用、监督作用、惠民作用,为社会发展进步提供强有力的舆论保障。坚持党性和人民性有机统一,坚持走好全媒体时代的群众路线,把老百姓的心声反映上来,传递给各级党委政府,帮助党委政府更好地改进工作,服务群众。引导广大群众共建共享美好生活和社会发展带来的成果。

党的十八大以来,新闻舆论战线以习近平新时代中国特色社会主义思想为指导,坚持守正创新,主动作为,唱响主旋律,传播正能量,激发了全党全国各族人民团结奋斗的信心和力量。特别是在改革开放 40 年、新中国成立 70 年、决战决胜脱贫攻坚、全面建成小康社会、抗击新冠疫情等重大宣传报道中唱响了时代主旋律。

改革开放以来,随着我国综合国力逐步提高,经济不断发展,我国对内对外宣传力度和规模逐渐加大,在全球化背景下,中国要融入世界体系,实现全球化战略,增加中国在世界的话语权,就要在国际宣传上大力发展,客观、全面、真实地报道中国和世界上发生的事情,用西方听得懂的接地气语言,传播好中国声音,讲好中国故事,开启强势国际话语体系的建设。必须旗帜鲜明、激浊扬清、敢于交锋、勇于亮剑,积极探索和构建"后西方话语"时代的中国话语体系。

我国的舆论监督是建立在以社会和谐发展为目标的基础之上的监督,因此更讲求建设性。此外,我国媒体监督公共权力还存在着一些特殊性,我国媒体舆论监督是党和人民通过新闻媒介进行的监督,是我国行政监督体系中的重要组成部分。要保证新闻舆论监督是在党的领导下和人民监督下开展的,在这一基本前提条件下,媒体要积极监督、敢于监督。

综上所述,现阶段媒介生态环境既为媒体履行社会责任提出了新的要求,也为媒体履行社会责任提供了便利的条件,媒体应该以此为契机,全面地检视自身履行社会责任的状况,以便更加全面、完善地履行职责,为我国经济和社会的转型打下良好的舆论基础。

4 元宇宙时代的媒介发展及生态

伴随着社会的进步和新媒体的发展,互联网越来越紧密地和人们的工作、生活相结合,正在成为无可替代的重要技术。从一个完全的物理世界到与现实世界结合的虚拟世界,再到完全虚拟的元宇宙,互联网是其中最为重要的技术变量。

4.1 Web 1.0 阶段的媒介特征及生态

互联网的前身是美国用于军事研究的阿帕网,直到蒂姆·伯纳斯-李发明了万维网,互联网才逐渐被大众所熟悉和应用。万维网是一个由许多互相链接的超文本组成的系统,可以通过互联网进行访问,它表现出开源、免许可开发和开放的基本特点,在此基础上,Web 1.0 阶段到来,并一直从 20 世纪 80 年代后期持续到 2005 年左右。

Web 1.0 阶段是互联网从某个领域走向社会,为大众所熟悉和应用的阶段,这一阶段是网络对单向信息只读的门户时代。尽管这一阶段群雄并起,Yahoo、Google 等公司都在不断地探索互联网的盈利模式,但是这个阶段的网页却是静态的,只解决了人们聚合和搜索的需求,网络的交互性却是缺乏的,用户只能被动接受信息,彼此之间的沟通互联十分有限。

4.2 Web 2.0 阶段的媒介特征及生态

Web 2.0 的概念始于 2004 年欧雷利媒体公司的一场头脑风暴论坛,随后全球 Web 2.0 大会召开,Web 2.0 的概念以惊人的速度传播开来。Web 2.0 是相对于 Web 1.0 而言的新一代互联网应用的统称,主要解决人与人之间的沟通、交流、互动等基本问题。Web 2.0 时代的内容生产主体已经不再是专业网站,而是网络用户,其生产过程也不再是组织把关式的生产,而更多地体现为"自组织"模式,去中心化的自我把关式生产。

在这一阶段,网络不再是静态内容,而是动态交互性内容,个体生产内容的目的往往不是拘囿于内容本身,而是以内容为媒介进行沟通和互动,延伸自我的网络社会关系。

Web 2.0 阶段的典型代表非博客莫属。博客是一个以用户自由发布信息与观点、与人互动交流等为主要功能的平台,博客的出现是传播历史上第一次将私人领域与公共领域的传播融为一体,打破了传统概念中传者与受者的界限,强调了个体在大众传播中的重要地位。

当下流行的微博,正是从博客发展而来的微型博客。作为一种分享和交流平台,其更注重时效性和随意性,以 140 字左右的文字更新信息,并实现即时分享,准入门槛更低,用户的参与度更高。

Web 2.0 阶段的生态是由人们在社会整体生态环境影响下形成的多重需求构成的生态关系。以微博为例,从微观角度来看,用户对内容的发布有着深层次的心理动机。例如,寻求社会归属感、对功利性的追求等,而微博内容接收者的诉求又与传播者相互呼应,构成了具有丰富内涵的微观生态。从宏观角度来看,微博传播的快速便捷性、内容的原创性和碎片化等特点决定了其自由性、开放性、包容性等特点。随着微博在社会中的广泛应用,必然产生一系列独有的文化、社区、习俗、制度等,这将对整个社会生态系统产生更为深远的影响,甚至引发一系列的社会变革。例如,近年来关于食品安全的"抢盐风波""地沟油""毒奶粉""海克斯科技"等事件,微博中的舆情对事件进展起着深刻的促进和推动作用,构成了具有丰富内涵的媒介生态景观。

4.3　元宇宙发展阶段的媒介特征及生态

从 Web 1.0 到 Web 2.0,从现实社会到虚拟社区,互联网为人们的生产生活带来了翻天覆地的变化,越来越成为社会生活中不可或缺的力量。随着科技的不断进步,Web 3.0 的概念被越来越多的人提出。Web 3.0 是一种根本性的颠覆,是一个虚拟化程度更高,更智能、更自主、更可信任的网络世界,其本质是进行更深层次的参与和体验。Web 3.0 将是一个融合虚拟世界与物理世界的第三世界,而由 Web 3.0 的全部功能所构建的景观,正是元宇宙的最终形态。可以说,元宇宙代表了第三代互联网的全部功能,是未来人类生活的主要方式。

近年来,互联网领域最受追捧的概念非元宇宙莫属,它是融合现在和未来全部数字技术于一体的终极数字媒介,是一个平行于现实世界运行的虚拟空间,在高度复杂的数字化技术和硬件技术的支撑下,实现现实世界和虚拟世界的连接革命,进而成为超越现实世界的、更高维度的新型世界。这一概念最早出现在美国著名科幻作家尼尔·斯蒂芬森的小说《雪崩》中,书中人们可以借助专业设备自由进出通过电脑技术建构的虚拟世界。

斯蒂芬森在书中这样描述元宇宙:"戴上耳机和目镜,找到连接终端,就能够以虚拟分身的方式进入由计算机模拟、与真实世界平行的虚拟空间。"但由于硬件发展的滞后、用户体验的不适、使用场景的匮乏等诸多原因,元宇宙的概念在很长一段时间内都停留在浪漫的想象阶段,虽多有尝试但无重大推进,直到 2021 年 Facebook 宣布战略转型,更名为 Meta,聚焦元宇宙生态构建,元宇宙的概念才"一举成名天下知"。

其实,近些年发生了一系列与元宇宙密切相关的事件。2021 年 3 月 10 日,主打元宇宙概念的游戏创作平台罗布乐思(ROBLOX)正式在纽约证券交易所上市,股价暴涨,被称为元宇宙第一股;8 月 31 日,韩国财政部发布 2022 年度预算,其中包含 2 000 万美元的元宇宙平台开发项目,韩国首尔市政府发布《元宇宙首尔五年计划》;而此前,日本也提出要在全球虚拟空间行业中抢占主导地位。国内,字节跳动公司斥巨资收购中国 VR 创业公司 Pico(小鸟看看),投资元宇宙概念公司"中国版 Roblox";2021 年 12 月,新华社宣布成立"元宇宙联创中心",上海市在发布的《上海市电子信息产业发展"十四五"规划》中明确提出加强"元宇宙"底层核心技术基础能力的前瞻研发。

元宇宙被称为互联网的终极形式,其发展必然和政治、经济、文化、技术等多种要素相互关联,通过与诸多要素的冲突和融合,元宇宙将持续发展和调整。而元宇宙的不断变化发展也将引发社会各要素的调整和变革,形成全新的媒介生态。

4.3.1 元宇宙发展阶段的媒介特征

1）交互性

交互性是网络传播时代媒介的基本特征。在 Web 2.0 阶段媒介的交互性就已经明显地体现出来,人与人之间利用媒介进行沟通、互动、交往,人际传播成为信息传播的主要渠道之一。到了元宇宙发展阶段,媒介将体现出更强的交互性。

通过交互平台的升级,元宇宙阶段媒介将带给用户更良好的交互体验。相较于互联网,元宇宙将依靠先进的技术设备带来更加丰富的交互情境和更为多元化的交互平台,让用户产生更加良好的交互体验,甚至在心理上产生归属感。

元宇宙发展中媒介的交互性将拉近人与人之间的距离,未来人们将在各个领域中体验全新的互动。

2）沉浸感

沉浸感是随着生产力的进步而产生的,是一种与在真实环境中相同的方式处理来自虚拟世界的视觉和其他感知数据的体验。

随着社会的进步,人们生活水平的不断提高,越来越多的人将自己的时间和精力投入能带来沉浸式感受的相关体验,以此获得巨大的快感。这些年,和沉浸感相关的体验项目层出不穷,例如网络游戏、密室逃生、剧本杀等,通过不同的平台,用户真正体验到了沉浸式参与。

未来随着元宇宙的不断发展与完善,AR、VR、AI 等技术将越来越成熟并与媒介更加广泛地结合,这将为媒介沉浸式体验带来质的飞跃,用户将享受到更为极致的包裹式体验,因此沉浸感成为元宇宙发展阶段媒介最突出的特征之一。

3）多元化

多元化是元宇宙发展中对媒介内容的基本要求。未来媒介用户的元宇宙生存和发展离不开丰富的数字内容资源,其中包括了数字游戏产业、计算机动画产业、移动内容产业、数字影音应用产业、数字学习产业、网络服务产业、数字出版产业、内容软件产业等。

多元化的内容是用户交互和沉浸式体验的基础,未来从内容生产、加工、服务、传输到接收等整个过程将全部实现衔接,形成数字内容产业群,这就保证了为元宇宙发展提供持续性的多元内容,推动了元宇宙媒介的可持续性发展。

4.3.2　元宇宙发展阶段的媒介生态

1）经济生态

经济是社会发展的基础,也是推动社会进步的根本要素之一。元宇宙概念较早时候已经提出,但技术的真正发展和进步却是近几年的事情,从虚幻的科幻概念到日渐完整的生态系统,其中的重要原因就是经济的支撑。近年来,元宇宙的概念在资本圈炙手可热,正是经济的不断发展为元宇宙技术的开发和拓展提供了基础。

另一方面,元宇宙的快速发展又为社会经济的推进注入了鲜活的力量。彭博行业研究报告预计,到 2024 年元宇宙的市场规模将达 8 000 亿美元;而全球知名的普华永道则预估,2030 年元宇宙的市场规模将会达到惊人的 1.5 万亿美元。

元宇宙之所以具有如此强大的吸引力,是因为未来其在各行各业中将具备广阔的应用前景。在可以预见的未来,元宇宙将促进包括媒体在内的各行业融合发展,从而对社会生态的发展产生积极的影响。

元宇宙经济是以数字内容创造及数字资产虚实流通为基础,通过数字生产、数字分配、数字交换以及数字消费等环节,形成的一系列新的经济生产和商业运营模式。作为元宇宙的基础,5G 技术近年来快速发展,在社会诸多领域得以应用,并表现出无可比拟的强大能力。VR 技术正在广泛地与社会各行各业结合,世界经济论坛报告显示,VR 已成为最受欢迎的技术领域主要应用之一,预计未来五年内 VR 市场将以 25%～30% 的速度快速增长。未来元宇宙经济的发展将在以下几个方面大展拳脚。

（1）游戏

现阶段网络游戏的范式与元宇宙的运作机制有着天然的融合性。网络游戏一般以对现实社会的模拟延伸与虚拟世界的建构体验为基础,游戏赋予参与者不同的虚拟身份,在此基础上形成网络中的社交关系。元宇宙所提供的虚拟空间恰恰与游戏具有极大的相似性,用户在元宇宙中创造不同的虚拟空间与身份体验,进而创造出全新的价值空间。此外,基于区块链技术存在的元宇宙具备明显的去中心化、匿名、不可篡改等特点,这与游戏货币购物、售卖、转账,甚至提现的基本范式具有极大的融合性,为游戏行业的发展建立了可信的经济交易系统。因此,云游戏被视为可能最先创造元宇宙场景的领域。

（2）虚拟数字人

随着新技术的快速发展,虚拟数字人开始进入普通人的生活,且正在呈现出静态向动态、2D 向 3D、单向向多向互动的趋势。在元宇宙世界中,人类将以虚拟的"数字替身"形式存在,在此基础上将更深层次地融入工作、学习、生活、娱乐等多样态多类型场景。随着高速发展阶段的到来,深度学习算法、AI 等技术促进了动作捕捉、表情捕捉、渲染等技术的发展,虚拟数字人产业飞速进步,将更加高度地还原普通人形象并实现实时驱动。近几年,虚拟人更多强调与 AI 技术的结合,旨在应用于生活及泛娱乐场景。

（3）文化旅游

文化旅游是旅游的一种类型,一般来说分为四个层面:以文物、遗址、古建筑等为代表的历史文化游,以艺术、技术成果为代表的现代文化游,以居民生活习俗、节日庆典等为代表的民俗文化游,以及以人际交流为表现形式的道德伦理文化游。发展文化旅游不仅是提升本地经济的重要手段,也是大力弘扬中国文化,增强人民文化自信,让世界了解中国的重要途径。近年来,我国文化旅游产业的发展如火如荼,以西安大唐不夜城等为代表的文化旅游景点成为人们旅游的热门目的地。当下,文化发展离不开先进的科技手段,现实虚拟互动、极致时空开放、沉浸式体验等已广泛应用于文化旅游业,而元宇宙与文化旅游的结合将进一步突破时空限制,打破线上与线下文旅体验的界限,建立新型的文旅消费方式。

（4）医疗

当前医疗行业与元宇宙的结合主要以"数字技术+医疗场景"为基础进行探索。随着医疗健康数字化发展趋势的推进,元宇宙中的各项基础技术已经在医疗产业中得到部分落地应用。其中具有代表性的 VR/AR、3D 打印、AI 影像等数字化技术是当前医疗健康行业较为成熟的应用,随着数字化的铺开与投资热潮的兴起,这些技术正在逐步进入快速发展时期。

（5）工业

元宇宙的魅力在于它与各行业的融合发展，从而对长期以来形成的生态产生积极影响，其中工业也不例外。工业元宇宙是一个独立于现实工业世界的虚拟空间，是现实工业世界在数字世界的真实映射，是全息数字工业世界。随着元宇宙的发展，云计算、VR、AR、数字孪生、人工智能、物联网、区块链等技术也将不断发展和完善，工业元宇宙会越发成熟，虚拟工业世界会越来越接近甚至超越现实工业世界。当工业设计、生产、制造的任意一个环节都有广泛应用和映射的虚拟世界为之赋能和支持，这标志着制造业正式跨入工业元宇宙时代。当交易、生产开始使用区块链技术进行记录、确权时，意味着我们的制造业深度进入工业元宇宙阶段。

2）技术生态

目前，元宇宙还处于初级探索和发展阶段，未来的发展将充满无限可能。元宇宙将数字空间映射到现实世界，通过为用户提供沉浸式和互动式的良好体验，实现与现实社会的良性互动。在此过程中，技术起到了支撑性作用，其中扩展现实、数字孪生、区块链是元宇宙三大核心技术。

（1）扩展现实技术是实现视听行业"虚实场景转化"的重要路径

扩展现实技术简称 XR，是通过技术将真实与虚拟相结合，打造人机交互的虚拟环境，包含 VR（虚拟现实）、AR（增强现实）、MR（混合现实）等虚拟现实技术，是将三种虚拟现实技术相融合，为用户带来沉浸式体验的一种综合应用。

VR 可以利用计算机设备模拟三维虚拟世界，通过硬件设备刺激用户的感觉器官，使其产生身临其境的效果。AR 通过专用设备模拟真实场景，将虚拟的事物显示于真实时空，借此实现虚拟世界与真实世界的联结与交互。MR 是 VR 和 AR 的结合，将虚拟世界和现实世界合并，产生一个可与现实世界交互的新世界，塑造贯通虚拟和现实世界的可视化环境，实现数字对象和现实环境实时互动。MR 和 AR 最大的区别在于，其所塑造的新世界中虚拟部分和现实部分难以区分，使用户可以在虚拟世界中获得现实世界的真实感知。

总体看来，扩展现实技术是用户实现虚实场景转化的技术积淀，未来发展大有可为，但就整个技术层面的发展而言，仍处于早期发展阶段。目前扩展现实技术面临一系列困境：一是技术发展不同步，VR、AR 和 MR 的发展处于不同阶段，相较于 AR 和 VR 具有较为成熟的技术和商用的布局，MR 技术仍处在起步阶段;二是设备普及性差,目前阶段虚拟现实体验都需要借助一定的设备实现,因此各种限制较多;三是用户体验感有限,一些虚拟现实体验会带给用户眩晕等不适感,与理想效果仍有较大差距。

(2)数字孪生技术是视听行业服务数字社会的基础支撑

数字孪生是一种超越现实的概念,是将物理实体映射到虚拟世界的手段,可以被视为一个或多个重要的、彼此依赖的装备系统的数字映射系统,即构建现实实物的数字化分身。借助数字孪生技术,元宇宙可以在虚拟的世界中构建镜像用户的"画像",甚至可以仿真模拟真实世界,通过传感器、物理模型等先进技术实现与真实世界的同步数据更新。

在元宇宙技术体系中,数字孪生技术将现实世界镜像至虚拟世界,为每一位现实用户提供一个唯一对应的"数字替身",实现其对元宇宙世界的构建和编辑。通过数字孪生技术,能实现视听行业在虚拟世界与现实世界的实时交互、相互影响,助力视听产业实现智能化决策、低成本孵化和高效率创新。视听行业以"视听+"服务智能制造、智能城市、智能医疗等领域,支撑经济社会数字化、网络化、智能化转型。

当然,目前数字孪生技术的研究和应用还只是起步阶段,未来强大的功能还有赖于进一步的开发和应用实践,这也为未来元宇宙的发展提供了无限的可能。

(3)区块链技术是完善视听行业商业模式的关键依托

区块链技术是一种互联网数据库技术,具备去中心化的分布式账本,构建信任的共识机制,网络信息不可篡改且可溯源等基本特征,让每个人都可以参与其中。区块链技术现阶段的发展成为解决传媒领域一些问题的重要技术,将对媒介生态领域产生变革式的意义与影响。

区块链媒体是指以区块链技术应用搭建平台,通过其独特的机制和特点吸引用户,自然演变为区块链媒体。这种媒体运用区块链的技术特征,在于其平台的运作与区块链技术的应用紧密相关,并切实解决部分传统媒体存在的问题,这就是"区块链+传媒"在实际中的应用。在去中心化的区块链媒体中,用户受各类垃圾信息骚扰的困境将得以解除,媒介将为用户提供更加高质量、高效率的信息。未来随着全媒体更加广泛的应用,用户所得到的信息反馈可以通过VR、视频直播等更多样化的形式实现。此外,区块链媒体为改变以往不公平的分配体系提供了条件,信息的价值直接由生产者和用户来决定,有利于形成契合媒体属性的单一价值体系。

以上区块链技术的基本特点都为未来视听行业的进一步发展完善奠定了基础。

3）文化生态

元宇宙所带来的冲击不仅体现在媒介与经济、媒介与技术的相互作用,更是突出地表现为媒介与文化的沟通互动。虚拟现实、大数据、人工智能等媒介技术为媒介文化的生产和突破打造了底层基础,数字化、规模化等工具理性逐渐替代人文价值理性,由此可能带来人的异化和文化的偏向,个体也将有沦落为数字文化"容器"的风险。元宇宙对文化的影响必然是长久而深远的,是一个随着技术发展变革而渐进的过程,也是一个必将对文化产生深远影响的过程。

（1）元宇宙加速了文化的流动

元宇宙技术虽然不具备文化的属性,但是当元宇宙与文化要素相互勾连互动,技术因素就必然对文化发展甚至变革产生不可估量的影响。在元宇宙的虚拟空间中,虚拟现实、大数据、人工智能等一系列数字技术推动了文化的发展。

一方面数字技术让现实文化越来越多地向虚拟空间迁移,越来越多的文化产品通过与新技术的对接实现了自身的突破与飞跃,以崭新的面貌呈现在消费者面前,给人耳目一新的体验。例如,2022年抖音直播宣布推出"DOU有好戏"计划,通过加强流量扶持、打造线上节目等方式,全方位助力戏曲行业。依托各类先进的数字技术,戏曲开始探索线上直播等"云模式",全新的形式可以跨越空间的限制,打造新舞台,让更多人更方便看到好的戏曲内容,为传统戏曲行业带来新舞台、新收入、新交流。数据显示,2021年抖音传统文化类直播比上年增长了100万场,以其中最受欢迎的传统戏曲为例,过去一年,戏曲直播开播超过80万场次,平均每场观看超过3 200人次,每一场戏曲直播都相当于一场中型演出。

另一方面,数字技术也通过标准化、规模化的现代性文化符号生产,加速了文化的流动。在元宇宙的建构中,开放性和包容性等特点为文化的传播奠定了基础,各个地域的信息流、人员流、文化流等在沟通互动中相互交融、快速传播。利用先进的技术为文化进行数字编码,这必然为其传播提供了更加统一的"语言",促进文化的流动。例如,这几年兴起的云旅游就极大地促进了文化的流动和传播,云旅游是依托"云计算"技术迅速发展而形成的一种"线上+线下"融合,将旅游全过程资源、服务进行整合,利用互动运营平台等智慧旅游工具为互联网用户提供随时随地旅游全资讯的一种旅游数字化发展形式。通过先进的VR 技术,网络用户可以足不出户体验贵州万亩樱花园,感受 360 度置身花海的美景,通过手指轻点"云游重庆"在线博物馆二维码,就能 24 小时游览重庆中国三峡博物馆、重庆自然博物馆、重庆三峡移民纪念馆、重庆红岩革命历史博物馆,聆听金牌解说⋯⋯文化的流动性越来越明显地体现出来。

(2)元宇宙异化传统文化

马歇尔·麦克卢汉在《理解媒介:论人的延伸》一书提出了"冷媒介"与"热媒介"的概念,并提出两者之间的区分标准,即受众的参与度与媒介的清晰度。按照这一标准,元宇宙时代的媒介又该如何划分,这隐匿着技术理性对文化的影响。"元宇宙"作为诸多新媒介技术的综合体,带给人们更为沉浸、实时、互动和多元的体验,个体沉浸其中获取的不仅是视听的冲击,也在一定程度上冲击了其传统的文化观念和价值体系。

以电子游戏为例,游戏提供的体验使其成为构建元宇宙内容的基础,游戏和元宇宙均打造了一个虚拟空间,并给予用户虚拟身份和个性化的形象,这种沉浸式体验可能会造成对传统文化认知的偏向。例如,在《头号玩家》中,主角们对"绿洲"展开追逐,只要戴上 VR 设备,就可以进入与现实世界形成强烈反差的虚拟游戏世界,有繁华的都市、光彩照人的玩家,在这里任何人都可能会成为超级英雄,梦想变得触手可及。其中所体现的消费主义、资本主义以及市场文化在"元宇宙"被无限扩张,传统文化的自由、真诚等人文价值受到严重的冲击。现实世界中的游戏也对用户的价值观带来了一系列的影响,尤其是青少年的价值体系和文化观念还没有完全树立起来,一旦受到冲击必然导致传统文化的异化。

4.4 元宇宙的发展及困境

4.4.1 元宇宙的未来发展

目前,元宇宙的发展仍然处在理论假设阶段,但各大互联网公司均已经开始布局该领域,元宇宙的未来发展值得期待。

1）技术的进步催化元宇宙发展

元宇宙本质上是一个虚拟世界,其发展是建立在 VR、AR、AI、5G 等一系列前沿技术集合且不断进步的基础之上,因此,元宇宙的发展还要经历技术端不断进步的过程。目前,从世界范围来看,5G 技术的渗透率还相对较低,VR 技术未来或带来更良好的体验感受,大数据和算法推荐等技术还有待进一步成熟,未来人工智能实现 AI 辅助内容生产会更加完善……未来技术推进将着力于研发穿戴设备及芯片的硬件板块、提升传输速度的后端基建板块、涉及核心技术生态环境的底层架构板块、提升虚拟环境体验的人工智能板块以及关乎日常生活体验的内容与场景板块。

未来元宇宙将依然在游戏、社交等领域发挥巨大的影响力,随着人工智能、算法推荐等技术的进步,用户将从中获取更加良好的交互体验,由此带来前所未有的沉浸感,这将是元宇宙未来的努力方向。

从社交领域来看,未来元宇宙将通过丰富社交场景、融入游戏体验等方面为用户提供更加沉浸式的虚拟化社交。通过用户个性建立虚拟身份,以此为基础消除物理距离、社会地位等差异,给予用户更纯粹的社交环境和更强的代入感,以获得良好的社交体验。以 2016 年创立的社交软件 Soul 为例,它是一个陌生人的社交平台,为用户搭建了沉浸式的虚拟世界,号称打造“年轻人的社交元宇宙”。Soul 用现实世界中不相识的用户在平台上的关系沉淀和留存为正样本,基于用户的社交画像和兴趣图谱,通过机器学习来推荐用户可能会产生的高质量的新关系。在这一软件中,用户可以通过群聊、听音乐、玩游戏、学习等多种方式进行社交,这将极大地突破社交障碍,让用户获得更自由的表达空间。

从游戏领域来看,未来元宇宙能够借助成熟的技术为用户带来更为丰富的场景体验和社交互动。以《魔兽世界》为例,属于大型多人在线角色扮演游戏,游戏依托魔兽争霸的历史事件和英雄人物,有着完整的历史背景时间线,玩家在魔兽世界中冒险、完成任务、新的历险、探索未知的世界、征服怪物等。在游戏过程中,玩家既可以通过战场体验社交互动,又可以依托好友系统进行社交,这正符合元宇宙在游戏架构基础上打造虚拟世界的特点。

此外,未来传播的模式将是在连接和协同中实现多场景的价值体验,因此技术之间的连接和整合将成为未来元宇宙发展的方向。这就要求打破以往各项技术单打独斗的状态,彼此之间建立起跨越连接、协同互动,使其作用发挥和价值实现突破原有的发展障碍,得以最大限度地激活,这可能成为未来元宇宙发展过程中媒介的主要角色定位和发展机会。

2)元宇宙广泛渗透生产生活

在技术进步和人们需求升级的基础上,未来元宇宙将步入发展的快车道。虽然目前还具有诸多的不确定性,但未来元宇宙的发展必将与生产生活更加紧密地结合起来。

当然,元宇宙架构在数据和算法之上,其应用需要一套完善且成熟的治理系统,其中,元宇宙的重要技术支撑区块链起到了重要的作用。区块链技术具备去中心化的分布式账本,信息不可篡改且可溯源,构建信任的共识机制,这些特性可以广泛地应用于数字资产、共享经济与社交平台等领域。

一方面,区块链的去中心化特征完美地适配了元宇宙发展中机构和个人共同参与的过程。元宇宙的发展必然是开放和无边界的,例如 UGC 内容已经越来越多地出现在各大媒介平台,成为内容生产的中坚力量。以头部内容平台 B 站来说,经过十几年的发展,围绕用户、创作者和内容构建了一个源源不断产生优质内容的生态系统,B 站已经成为一个涵盖 7 000 多个兴趣圈层的多元文化社区。2021 年第一季度,B 站的活跃内容创作者达到 220 万人,月均高质量投稿量为 770 万件,丰富的 UGC 内容带动了 B 站日均 16 亿次的视频播放量。

另一方面,区块链技术保护信息不可篡改且可溯源,这确保了数字资产的不可复制性,由此保障了元宇宙社区内经济系统的稳定运行。在元宇宙中,用户生产内容后的价值回报是内容生产可持续性的基本保证,因此建立起激励和回报机制至关重要。以世界最大的多人在线创作游戏 Roblox 为例,这是一款兼容了虚拟世界、休闲游戏和自建内容的游戏,游戏中的大多数作品都是用户自行建立的,至 2019 年已有超过 500 万名青少年开发者使用 Roblox 开发 3D、VR 等数字内容。在 Roblox 上的用户可以从他们制作的游戏中挣得虚拟货币 Robux,如果有玩家花费 Robux 购买了游戏创建者所搭建的游戏,创建者将会获得 Robux,获得的货币可以在游戏中使用,也可以兑换现实世界的货币。可以说区块链中去中心化和信息不可篡改等特点保证了创作主体的价值回报,是其继续投身新场景创作的前提,也是未来元宇宙与生产生活广泛结合的基础。

3）元宇宙设定媒介发展方向

马歇尔·麦克卢汉曾提出媒介是人的延伸,在这一理论中可以明显地感知到媒介的重要作用,是媒介建立起了人与世界联系的桥梁,媒介是人们感知外部环境的重要力量。随着元宇宙的推进,VR、AR、MR等技术将逐步发展成熟,未来交互技术将为用户提供更为全面、更加沉浸的体验,从现实到虚拟,从人的视觉、听觉到味觉、触觉、嗅觉进行全方位的连接。

过去几十年互联网的发展,"去组织化"已经深刻重构了社会形态,随着元宇宙的诞生和发展,未来数字媒介可能会朝着架构社会形态"再组织化"的方向发展。下一代数字媒介需要将当前基础性的社会关系连接进一步统筹安排,建立起更深层次的联系,以往各种线下的、零散的社会关系将进一步向线上发展。

通过全面融合和整合,未来媒介将随着元宇宙的成熟而不断向前,形成数字媒介发展模式的新场景。

4.4.2　元宇宙的发展困境

元宇宙是未来互联网发展的美好愿景,随着相关技术的不断推进,元宇宙的雏形已经建立起来,并越来越多地向人们展现出了未来发展的希望。但是,我们还要清醒地认识到元宇宙的发展处于初级阶段的事实,未来前进之路任重道远。

1）数字社会发展有待进步

对元宇宙的探索离不开数字社会的发展。数字化社会的到来带来了更多的社会聚合和交互,在这一过程中,元宇宙的发展框架得以形成并不断拓展。中国互联网络信息中心(CNNIC)发布的第50次《中国互联网络发展状况统计报告》显示,截至2022年6月,我国网民规模为10.51亿人,互联网普及率达74.4%。在网络基础资源方面,截至2022年6月,我国域名总数为3 380万个,".CN"域名数为1786万个,IPv6地址数量为63 079块/32,较2021年12月增长0.04%;在信息基础设施建设方面,截至2022年6月,我国千兆光网具备覆盖超过4亿户家庭的能力,已累计建成开通5G基站185.4万个。我国网民规模持续提升,较2021年12月新增网民1 919万人,互联网普及率较2021年12月提升1.4个百分点。可以说,持续发展的数字社会给元宇宙的未来带来了无限光明的前景。

另一方面,我们也应当看到,数字社会的发展并不是完全平衡的。据联合国教科文卫组织的统计,世界范围内互联网的接入率只有 55%,发达国家中人口的上网率达到 87% 以上,而在发展中国家,这一比率只有 47%,甚至在最不发达的国家中人口上网比率仅为 19%。从我国范围来看,非网民仍然是以农村地区为主,这一比率占到 41.2%,高出全国农村人口比例 5.9 个百分点,60 岁以上的老人是主要的非网民群体。

数字社会的不平衡发展必然产生数字鸿沟,这是其未来进步的重要障碍。随着数字鸿沟的持续扩大,基于数字经济的利益分配也会产生不均等化,由此带来的经济差异将更进一步地加大数字鸿沟,形成恶性循环,这也必将是全球元宇宙发展和推进的最大阻力之一。

因此,在全球范围内,尤其是在不发达国家和地区推进互联网建设和覆盖是消弭数字鸿沟的主要措施,加速硬件和基础设施建设是数字社会推进的基础,也是未来元宇宙发展的目标和前提条件。

2)基础技术有待成熟

现阶段,人们对元宇宙的构想和猜测都是建立在目前数字技术发展和应用的基础之上的。5G、VR、AR、MR、AI 等代表性技术的快速发展搭建起元宇宙初级阶段的基本样态,而后续一系列基础技术的发展和走向也都决定了元宇宙的未来样貌。

但是,技术的发展和成熟都需要一定的时间和周期,不是一蹴而就的,数字技术也不例外。以 VR 技术为例,其发展大致分为三个阶段:虚拟现实技术探索阶段(20 世纪 70 年代以前),虚拟现实技术系统化、从实验室走向实用阶段(80 年代初—80 年代中期),虚拟现实技术高速发展阶段(80 年代末—21 世纪初)。其实早在 50 年代中期就有人提出虚拟现实(VR)技术的构想,在这之后虽然很多领域都进行了一些有益的尝试,但由于当时各方面的条件限制,虚拟现实技术没有得到很大的发展。直到 80 年代末,随着计算机及互联网技术的高速发展,才使得虚拟现实技术得到广泛的应用。随着互联网传输速度的提高,虚拟现实技术也逐步趋于成熟,未来将广泛应用于工程设计、教育、医学、军事、娱乐等领域,带给人们更多全新的体验,甚至颠覆人们传统的生活方式。

作为集诸多先进技术于一身的元宇宙,其发展目前处于初级萌芽阶段,未来还有很长的路要走。虽然各大互联网巨头纷纷抢滩元宇宙,但仍应理性认识元宇宙,目前其技术条件还没有完全成熟,未来发展或低迷或膨胀,都是元宇宙发展的正常阶段。可以期待的是,未来随着技术条件的逐步成熟,元宇宙必将成为改变社会生活的重要力量。

3）规则与协议有待建立

秦国商鞅变法统一了度量衡,全国上下有了标准的度量准则,为人们从事经济文化交流活动提供了便利的条件。元宇宙的发展也需要一套相对统一的规则与协议,以保证在不同的子宇宙交流中用户身份、社交互动、数字资产等方面的沟通和互联。

从 Facebook 更名为 Meta,再到字节跳动、腾讯等公司对元宇宙的积极投入,可以预想未来将是一个对元宇宙群雄逐鹿的时代。随着各大公司旗下元宇宙平台的建立,平台之间的沟通和互联将是摆在人们面前亟待解决的问题。

用户身份互联互通是建立元宇宙的基本前提。目前,各大互联网公司所构建的元宇宙平台具有相对独立性,其实从本质来看,这些平台可以称之为元宇宙的子宇宙。各个子宇宙用户之间如何进行沟通互联,就需要建立一定的规则和协议,实现不同子宇宙之间的身份沟通和互信互认,打通元宇宙用户身份之间的壁垒,从根本上实现元宇宙用户之间的身份无界限。

社交互动是元宇宙形成的重要标志。元宇宙具有流动性,这主要表现为用户之间的沟通和互动。各大公司的子宇宙不是割裂的,当各子宇宙的用户之间通过高度沉浸式的体验进行深度交互,在游戏、社交等方面实现无门槛互动时,元宇宙才能真正地和人融为一体,成为用户生活中不可或缺的一部分。

数字资产的流动性是元宇宙的基本特征。在未来元宇宙的发展中,用户的数字资产将是一笔巨额的财富。真正的元宇宙应该是做到各个子宇宙之间数字资产的无障碍流动,用户完全不需要担心自身数字资产的安全性和流动性,数字货币之间的支付、兑换和提现等业务可以一键完成。

用户身份、社交互动、数字资产等领域的无障碍沟通和互联是未来元宇宙的基本样态,要实现全面发展,必须建立起相对统一的规则与协议,完成经济系统的融合,实现真正的互通互联。只有当相关规则协议和系统建立起来并顺畅运行,子宇宙才能真正聚合为元宇宙,各条赛道将接入元宇宙,实现学习、生产、生活等各行各业的真正数字化发展。

4.5 小结

现阶段,人们的工作、生活越来越离不开互联网,互联网已经成为不可或缺的重要技术要素,改变着现实世界。在 Web 1.0 阶段,互联网从某个领域走向社会,为大众所熟悉和应用,但这一阶段用户只能被动接受信息,彼此之间的沟通互联十分有限。到了 Web 2.0 阶段,媒介的动态交互性内容更多,人们依托互联网延伸了自我的网络社会关系。Web 3.0 阶段即将到来,其全部功能所构建的景观,正是元宇宙的最终形态,可以说元宇宙代表了未来人类生活的主要方式。

元宇宙发展中媒介的交互性较强,随着技术的进步元宇宙也将为用户带来更为沉浸式的体验和更加多元化的内容,这推动了媒介的可持续性发展。从经济生态来看,近年来元宇宙的概念在资本圈炙手可热,正是经济的不断发展为元宇宙技术的开发和拓展提供了基础,未来元宇宙经济的发展将在游戏、虚拟数字人、文化旅游、医疗及工业等多个方面大展拳脚。从技术生态来看,未来元宇宙的发展将充满无限的可能,扩展现实技术是实现视听行业"虚实场景转化"的重要路径,数字孪生技术是视听行业服务数字社会的基础支撑,而区块链技术是完善视听行业商业模式的关键依托。从文化生态来看,元宇宙对文化的影响必然是长久而深远的,一方面元宇宙加速了文化的流动,另一方面元宇宙则异化传统文化。

目前,各大互联网公司均已经开始布局元宇宙,其未来发展值得期待。首先,技术的进步将不断催化元宇宙发展;其次,未来元宇宙将广泛渗透生产生活;第三,元宇宙还设定了媒介发展的方向,未来将形成数字媒介发展模式的新场景。

但是,我们还要清醒地认识到元宇宙的发展处于初级阶段的事实,未来前进之路任重道远。从目前来看,数字社会的发展有待进步,基础技术也并不成熟,一系列与元宇宙发展相关的规则和协议还相对空白,这些都是未来发展过程中亟待解决的问题。

元宇宙是未来互联网发展的美好愿景,随着相关困境的不断突破,未来元宇宙会越来越多地向人们展现出发展的希望。

5 我国媒体履行社会责任中的问题分析

现阶段我国媒介生态的状况是比较复杂的。虽然从总体来看,我国的政治、经济、技术、文化等生态因素不断进步,这改善了媒体的生存环境、促进了媒体的良性发展,但也为媒体履行社会责任提出了新的要求。但是我们也不能忽视媒体生态因素中一些限制和约束媒体良性发展的方面,例如少数媒体、新闻媒体类应用 App 在发展中急功近利、在文化传播中的不协调以及媒体融合中存在的疏漏等都会引起媒体社会责任的缺失。这不仅损害了媒体的公信力,还污染了整个社会环境,阻碍了新时代中国特色社会主义的建设,基于这种现状,笔者将结合实例探讨现阶段我国媒体社会责任缺失的危害和表现,以期为后文的分析论证提供依据和参考。

5.1 媒体服务受众中的信息缺位

我国社会在市场化的进程中迅猛发展,人们对日新月异的社会状况往往会缺乏认知,造成自身安全感的缺失,加之我国社会在转型的过程中产生了急剧的调整,部分民众的社会价值观出现偏差,这些都将引起人们的焦虑不安。人的这种不安和焦虑往往可以通过对媒体传播信息的获知而得到缓解和释放,因此现代社会人们对信息的需求越来越强烈。这就需要媒体及时地传播信息,将真实、客观的信息传递给受众,帮助他们进行认知和判断,消除他们的疑惑和不安。但是,现阶段我国媒体在为受众服务中常常片面追求经济效益而忽视了自身的社会责任,如有偿新闻、新闻敲诈、虚假新闻、新闻炒作、传播内容低俗化、刊播不良商业广告等问题都让受众离真实、有意义的新闻越来越远,这严重违背了媒体应当在党的基本路线指导下,始终把社会效益放在第一位,全心全意服务于人民群众,促进现代化建设的宗旨,是媒体社会责任缺失的具体表现。

5.1.1　有偿新闻、虚假新闻泛滥

　　新闻是对新近发生的事实的报道。陆定一曾经说过:"新闻工作搞来搞去还是个真实问题。新闻学千头万绪,根本性的还是这个问题。有了这一条,就有信用了。有信用,报纸就有人看了。"①从陆定一对新闻的定义中我们可以得知新闻报道的落脚点为"事实",即新闻的本质就是事实,是对事实进行的报道。因此新闻对真实性的要求极高,真实是新闻的生命,这也是新闻和文学等其他类别的本质区别。真实是新闻存在的前提条件,也是对新闻报道的基本要求。

　　因此,新闻的真实性是其向受众传递信息、引导舆论、服务社会的基础。没有真实性,新闻就不能称之为新闻,也就没有了其存在的意义和价值。这就要求新闻工作者进行新闻报道时要以事实为依据,按照客观事物的本来面貌做真实的陈述,而不能以发布新闻为条件去索取或接受钱物,也不能凭个人想象或因外界压力去虚拟或编造新闻。

　　作为民众获取信息的主要渠道,新闻媒介在进行报道时应该秉持严谨、认真的态度。这就要求新闻工作者在新闻写作中,对所涉及的人物的言论和行动,所涉及的事件的起因、经过和结果,包括具体细节都必须认真核实,确保真实、准确,不能有半点夸张和虚构,这是媒体对受众负责,履行社会责任的表现。但是面对激烈的市场竞争,某些媒体和新闻工作者放弃"新闻真实"的职业理念,将经济利益放在第一位。为了降低新闻的"生产成本",这些媒体和工作人员不再深入实际、深入生活、深入群众,转而大量抄袭和截取其他媒体的新闻内容,对网络谣言捕风捉影,对新闻来源和报道细节不做认真的核实和思考,一切报道都以吸引受众的眼球为目的,这导致近些年我国媒体报道中虚假新闻泛滥。

　　2022年,"韦东奕帮博士团队解决数学难题"的消息被多家网络平台传播。一张网络流传的截图显示,韦东奕一个人就搞定了六个博士生花费四个月时间都无法攻克的难题,还放言:"太简单了,没必要要钱。"但是,在5月9日,南风窗采访了韦东奕,关于最近的传闻,他明确表示:"确实没有这回事,这是假新

---

① 陆定一.新闻必须完全真实:陆定一同志对本刊记者的谈话[J].新闻战线,1982(12):2.

闻。"另外,对传言中哈佛大学免考英语、破格邀他入学的说法,韦东奕也辟谣了:"网上有些消息是假的。关于哈佛那个,可能有些人这么认为,但没有明确这么说过,哈佛没找过我。"在此次事件中,媒体不做认真思考就跟风而上,违背了新闻报道真实性的基本原则,无意识地助长了这一闹剧的蔓延。

近些年网络媒体不断发展壮大,但也成为虚假新闻的重灾区。网络媒体信息海量、传播迅速、覆盖范围广、互动效果好等特点在为其带来了优势的同时,也隐含着危机,近些年,网络虚假信息已经成为网络媒介发展中的一大顽疾。

网络媒体虽然也讲究把关,但其把关力度、把关模式和传统媒体有很大的差异,由于网络信息的海量性,很难对每一条信息都严格筛查,这就极容易造成网络虚假信息的产生。加之网络传播速度快、范围广,因此一些局限于一时、一地的虚假、低俗信息通过网络将迅速向更广阔的范围传播。这些虚假信息不仅欺骗了受众,更有可能造成严重的社会恐慌。近些年网络流传的"外卖骑手接单送遗体""考生因戴金属牙套无法过安检"等虚假消息对当地社会的和谐、稳定发展产生了严重的冲击,造成恶劣的社会影响。加之一些不明真相或心怀不轨的受众在其中发表不恰当的言论和点评,更是加剧了受众的恐慌心理。

综观现阶段新闻失实的原因,基本可以分为两类:一类是记者无意造成的失实,即非故意性失实。记者知识能力有限、作风懒惰,对道听途说的内容或表象事件未做深入核实就进行报道转载,媒体把关不严,最终导致报道失实。另一类则是记者明知故犯,故意失实。一些记者为了博取受众眼球或为自身谋取私利,刻意杜撰出假消息,误导受众。虽然从性质上看,故意失实性质更为恶劣,但对非故意性失实我们也不能掉以轻心,因为这两种失实本质上都透射出媒体的急功近利和社会责任的缺失。

为了抢新闻、吸引受众、提高发行量,媒体和记者变得太"忙碌":"忙"得没有时间去核实新闻来源、新闻细节,"忙"得没有时间去进行采访而要闭门造车杜撰新闻,"忙"得来不及思考新闻报道的意义和对受众产生的影响,"忙"得忘记了新闻工作者的职业道德和媒体应该承担的社会责任……这些"忙碌"的媒体和记者是时候停下来对自身行为进行深刻反思:社会效益永远是媒体应该坚持的第一原则,这一原则应该成为指导媒体工作的根本准则。

5.1.2 内容琐碎无聊

市场经济讲求公平交易,这就意味着受众在为媒体传播买单的同时,媒体必须提供真正有意义、有价值的内容,否则两者之间的交易就是不公平的。但在现阶段的媒体传播中,受众的付出和获取不对称的现象是普遍存在的,一些媒体在传播中提供琐碎无聊的内容,这既违背了市场经济公平交易的原则,也违背了媒体忠实地为受众服务的宗旨。

从 20 世纪 90 年代中期开始,以报道我国都市市民生活为定位的都市报开始兴起,并迅速席卷全国,创造出销售和发行的奇迹。随后,广播和电视也不甘落后地开办起民生新闻类的节目,同样表现出不俗的成绩。可以说,民生类新闻的兴起在很大程度上实现了媒体为民所用、为人民服务的目标,是媒体"贴近实际、贴近生活、贴近群众"的重要体现。

民生类新闻最大的吸引力在于其关注普通百姓的生活,站在百姓的角度看待问题、思考问题和理解问题,同时在压力社会中给百姓带来轻松和愉悦,因此民生类新闻格外注重和强调新闻价值中的"接近性"和"趣味性"要素,这是其最大的特色所在。媒体强调特色本无可厚非,但是这种特色一旦掩盖了其他的优势而"唯我独尊",民生类新闻的报道就会出现问题。真实性、新鲜性、重要性、显著性、接近性、趣味性六要素是判断新闻价值有无或大小的基本标准,这六种要素相互配合、相互作用,构成了一条新闻存在的基本价值。我们在对一条新闻的价值进行判断时,虽然不一定要求其六要素齐全,但一般要考虑其中包含的多个要素,不能过分地偏重其中的某一种要素而忽视其他。

近些年随着民生新闻报道的遍地开花,一些媒体为了突出特色而过分关注新闻的接近性和趣味性,忽略掉了新闻价值中本该重视的一些其他要素,这就导致民生新闻资源不足、质量不高。一些媒体将报道的目标转向了"鸡毛蒜皮""家长里短"和"娱乐搞笑",使新闻缺失了厚重感,还有一些媒体因为资源的缺乏而对同一事件重复报道,造成了新闻资源的浪费。这些问题都导致现阶段我国媒体的报道出现了琐碎无聊等现象,消解了媒体的社会责任。

例如,在某都市报的报道之中,诈骗类的消息几乎天天都有:《"信息疫情"妨碍疫情防控》《"双黄连、板蓝根可治新冠"成闹剧》……在有限的版面上大量刊登性质相同的社会新闻,势必造成内容的重复琐碎。另外,这份都市报在同一天的报道中还刊登了大量意义不大的社会新闻,这既没有向受众传递有效的信息,也会使受众在无聊的内容阅读中感到疲劳。

除此之外,为了突出传播内容中的"趣味性"要素,对名人私生活的挖掘和报道也成为许多媒体每天关注的"焦点"之一,这就导致隐私、绯闻、八卦充斥于媒体之中,报道的内容更加琐碎化、低俗化。"上海冠生园董事长被猴子弄死"之类的报道,媒体更是不惜笔墨大篇幅、长时段甚至连续性报道,完全背离了报纸传递信息的初衷。

媒体琐碎无聊的报道无疑降低了受众的品位,模糊了受众的需求,使整个社会的认知产生偏向,是媒体社会责任缺失的表现,这一现象成为现阶段媒体发展中亟待解决的问题之一。

5.2　媒体舆论监督中的行为失范

一个国家的社会转型期往往也是社会矛盾和社会问题的高发期,在这一阶段中,作为社会的守望者,新闻媒体应该肩负起舆论监督的重任,以自身的努力来维护社会的良性发展。但是,现阶段我国媒体存在诸多不完善、不健全、不规范之处,导致在舆论监督中出现了对监督公共权力和网络舆论暴力的乏力,造成了现阶段我国媒体舆论监督行为的失范。

5.2.1　舆论监督有待加强

新闻媒介是舆论的载体和放大器,可以将分散的、局部的舆论集中起来,以便更好地传递意见、履行媒体监督的职能。可以说,舆论监督是党和人民监督公共权力的重要体现方式,是一个国家民主和进步的标志。近些年随着社会的不断发展和进步,舆论监督的问题越来越多地受到党和人民的重视。现阶段我国媒体的舆论监督在大力弘扬正气、积极维护社会稳定、切实保障人民群众的基本权利等方面取得了可喜成绩,但也存在诸多不完善、不健全、不规范之处,从而导致在舆论监督中出现对监督公共权力的乏力。

在市场经济中,媒体收益日益成为其生存和发展的关键性支撑,而新闻舆论监督的成本较高,监督进行中的阻挠因素也较多,其社会收益明显大于经济收益。因此,出于经济利益的考虑,现阶段在我国媒体的传播中,琐碎无聊的信息以及大量的娱乐节目占据了绝大多数时段和版面,而与舆论监督相关的节目和内容在媒体传播中却并不常见。在乔云霞教授主持的国家社会科学基金项目"舆论监督研究"的问卷调查中,当被问到"您认为舆论监督批评报道的数量多少"(限选一项)时,其中有 46.1%的受众认为媒体舆论监督报道的数量较少,这占到参与问卷受众人数的近一半,是该问题中选择率最高的选项,由此可见,部分受众对我国媒体舆论监督的现状并不很满意。而媒体舆论监督数量不足的问题如果长期得不到解决,将导致媒体的传播报道流于形式,受众对媒体报道的信任度将大大降低,最终影响媒体的公信力。

此外,现阶段我国媒体舆论监督的力度也较弱。媒体舆论监督是党和人民用新闻媒介开展的,媒体应该监督政府的政务公开及权力运行状态,维护公众利益,促进阳光政府的建设。虽然我国媒体也曾经在山西繁峙矿难报道中为民伸张正义,在孙志刚死亡事件报道中推动国家相关制度的出台,在安徽阜阳"毒奶粉"报道中揭露事件背后的利益链条,但这些报道只是少数具有代表性的典型案例,现实中大多数舆论监督报道还存在数量不足、力度不强等较为明显的问题,这造成现阶段我国媒体新闻监督责任的缺失和失范,是媒体和社会良性发展中亟待解决的问题之一。

5.2.2　网络舆论暴力不断

随着互联网的普及和上网人数的逐年递增,网络舆论的力量越来越强大,甚至在某种程度上影响着事件的发展进程和结果。合理利用网络舆论能够促进社会的公平和法制,而不当的网络舆论会引起舆论暴力,造成严重的社会影响。

"网络舆论暴力是指在一定的时间和空间内,多数网民通过网络言语和现实行为对网络最新事态中的当事人表达非理性的基本一致意见,从而造成人格侵权的不公正力量。"[①]网络舆论暴力是网络舆论的非理性表现,是网络空间中一种集体性的极端行为。

网络舆论暴力一般和网络舆论的形成过程是一致的。网络作为一个自由

---

① 罗昕.网络舆论暴力的形成机制探究[J].当代传播,2008(4):78-80.

发表意见的"公共领域",网民可以随时发表自己对事件的意见和看法,当某个意见获得支持时,就会被越来越多的网民看到,网民也会认为这是多数人的意见,从而大胆地发表自己相同或相似的看法。如此一来,某一观点会越来越强大,最终形成舆论。但是由于网络的匿名性和把关不严,网络上所发表的言论有时是虚假的,意见是不理性甚至是肆无忌惮的,这可能会误导某些不明真相的受众,最终形成舆论暴力。

在网络舆论暴力中,大多数网民和网络媒体的出发点是好的,都是为了除恶扬善、弘扬社会正义,但是因为他们的盲从和不理性,对网络上发表的内容不加思考分析就发表意见、恶言相向甚至人肉搜索,最终对当事人和社会都造成严重的不良影响。一次又一次的网络舆论暴力事件的发生也让我们不得不思考:媒体的行为在其中起到了怎样的作用? 如果说单个网民是非理性的,其调查能力和掌握的信息资源是非常有限的,那网络媒体呢? 在具备无限接近事实的可能和拥有巨大的信息资源的基础上,网络媒体仍然参与到网络舆论暴力事件之中,并且对事件添油加醋地进行报道,这已经不是简单的"不理性",而是"助纣为虐"了! 我们不禁要问:媒体的社会责任感哪里去了? 可以说,网络舆论暴力不断是媒体社会责任缺失的重要表现形式。

不可否认,近些年网络媒体在舆论监督方面取得了不小的成就,南京"天价香烟"局长、"表"哥杨达才等多名违法和违规人员在网络媒体的曝光下受到应有的惩罚。但网络媒体的舆论监督一定要掌握好"度",切不可打着监督和曝光的幌子去侵犯公民的权利,这既是对公民的基本尊重,也是打造健康和谐网络环境的基础。

5.3 媒体维护公序良俗中的传播错位

作为现阶段媒体主要的社会责任之一,维护公序良俗成为媒体在传播中应该把握的基本原则。大众传媒作为公共舆论工具,受众对其传递的内容和观点往往容易接受并采信,因此媒体对受众的引导必须是正向的,这样才能维护社会的基本秩序和良好风俗。但是,现阶段我国一些媒体在传播中却出现了错位,他们非但没有向受众传递正确、优秀的内容,反而以低俗甚至错误的舆论来引导受众,造成了极为严重的社会危害。

5.3.1 低俗之风盛行

大众传媒所提供的新闻信息、休闲娱乐等内容,除了满足受众的求知需求,更应该使受众在思想和精神上体验到美感,提升他们的文化素养,这是媒体社会责任的题中之义。因此,提供有意义、有价值的内容是社会对媒体的基本要求,也是其承担社会责任的积极表现。但是,近些年随着市场化的运作和发展,我国一些媒体出现了重经济效益、轻社会效益的势头。

近些年,我国媒体在发展中出现的低俗之风主要表现在以下几个方面:

一是色情内容泛滥。现阶段媒体中的大量报道都和"性""美女"相联系,大打色情的"擦边球"。我们暂且不去讨论这样的新闻报道是否有违客观、公正的报道原则,单看这些形容词的应用,就让一篇以趣味性胜出的好选题落入低级趣味的套路,甚至和色情挂上了钩。此外,一些网站为了追求点击率,对低俗信息把关不严,导致不良信息或不雅图片充斥其中。

二是鼓动不良思潮。媒体鼓动不良思潮首先体现在媒体报道中。一些媒体打着所谓"市场需求"的幌子,大肆报道暴力犯罪、崇富拜金等思想,造成不良的社会影响和社会效果。在某些媒体的报道中,谋杀、抢劫等暴力犯罪题材成为"常客",并且媒体在这些题材的报道中经常大肆地渲染血腥场面,详尽地描绘犯罪细节,甚至配以血腥的图片或画面,造成恶劣的社会影响。还有一些媒体在报道中或明或暗地流露出拜金享乐的意识倾向。例如,在报道中大篇幅地畅谈吃喝玩乐,而对勤俭节约、艰苦奋斗的报道却非常吝惜;在报道富人的奢靡生活时,缺少应有的是非判断和引导,渲染细节,甚至充满了羡富的倾向,这无疑是对正确价值观的冲击,容易对读者造成误导。

媒体鼓动不良思潮也体现在娱乐节目中。在国内众多的娱乐节目中,低俗化似乎成了一种通病。很多娱乐节目内容无聊甚至荒唐,将曝光隐私或是贬损、丑化嘉宾作为吸引受众的方式;一些嘉宾为了取悦受众,更是积极配合节目安排,衣着暴露、语言行为极其低俗;有的娱乐节目主持人穿着打扮另类、怪异……这些低俗的表现对节目受众尤其是青少年受众产生了极为不良的影响,甚至影响了他们的是非判断和对社会的认知。

媒体鼓动不良思潮还体现在一些影视剧节目中。这些影视剧为了吸引受众的眼球、追求较高的收视率,采取猎奇的手段,剧情曲折离奇,完全不顾剧中的不良思潮给受众带来的负面影响。盘点近些年的影视剧,你会发现"暴力""色情""穿越""婚外恋""拜金"等都可以成为其中的关键词。这些不良思潮对受众尤其是对青少年儿童产生了严重的不良影响。我们不得不思考:未来青少年的人生观和价值观会怎样?这对我国社会主流价值观将会产生怎样的冲击甚至是颠覆?这也值得每个新闻工作者深思。

三是戏说经典作品。在我国每年生产的数百部影视剧中,历史题材和重大题材的影视剧是其中重要的一部分。这些影视剧再现历史事件、弘扬优良文化,对塑造社会主义主流价值观起到了重要的作用。虽然绝大多数影视剧是品质优良的,但不容忽视的是,仍有一些粗制滥造的剧目存在。

一些导演总是认为历史剧和重大题材影视剧一定要加上一些"修饰"才能更叫座,于是这些影视剧中的历史人物和英雄人物都不再以他们传统的面貌出现,或者"侠骨柔情"被安排了缠绵悱恻的爱情故事,或者干脆玩起了"穿越"古今来去自由,或者干脆颠倒了历史黑白、忠奸不分。

这些不尊重历史,未经严格审核把关的影视剧是对历史和经典的极大亵渎,是对中华民族文化支柱的动摇和摧毁,尤其是一些影视剧歪曲了重大历史事件和重要历史人物,容易对受众产生误导,对社会的发展和民族文化的传承都带来极为不利的影响,是媒体社会责任缺失的表现。

综上所述,媒体的低俗之风经过迅速传播无疑对公众和社会产生了巨大的负面影响。它颠倒了是非黑白,对受众进行了错误的引导,造成严重的"精神污染",容易导致社会不良风气出现和大众价值观念的扭曲,对血腥、暴力、色情的报道还容易引发社会犯罪,不利于社会的安定团结。低俗之风对青少年的影响尤其严重,长期受此影响将会导致青少年世界观、人生观和价值观的偏向,社会未来的发展将岌岌可危。因此,遏制媒体低俗化传播,呼吁媒体承担社会责任迫在眉睫。

尼尔·波兹曼在《娱乐至死》一书中警告人们,把文化变成一场娱乐至死的舞台最终将导致文化精神的枯萎。面对波兹曼的警告和我国媒体传播低俗化的现状,我们应该深思媒体未来的路怎样走,怎样更好地履行自身的社会责任。

5.3.2 人文关怀缺乏

人文关怀的思想发端于西方文艺复兴时期的人文思想,"这一思想体系表现出对人的生存现状的关注,对人的尊严与符合人性的生活条件的肯定和对人类的解放与自由的追求"①。英国历史学家阿伦·布洛克在《西方人文主义传统》一书中指出,"人文主义的范畴与内涵随着时代、地域而不断发展,但始终坚持'两个核心'不变。这'两个核心'就是,一是人文主义以人和人的经验为关注对象;二是人文主义尊重人的尊严"②。通俗来说,人文关怀就是关心人、爱护人、尊重人。

从20世纪90年代开始,人文关怀的思想开始渗入我国新闻传媒之中,媒体开始强调要关注民生、展现民意。在我国大力倡导构建社会主义和谐社会、实现中华民族伟大复兴中国梦的现阶段,人文关怀更应该成为媒体义不容辞的责任,成为媒体传播中的基本要求。

可以说,新闻传播提供基本的人文关怀是媒体为人民服务的表现,也是媒体履行社会责任的题中之义。但是随着媒体间的竞争越来越激烈,为了求得生存和发展,一些媒体在传播和报道中时刻以提升发行量、收视收听率和点击量为第一标准,甚至为此打破了媒体的道德底线,放弃了媒体本该承担的人文关怀,造成媒体社会责任的缺失。当前,我国一些媒体记者在报道中缺乏基本的职业道德和同情心,他们利用新闻事件进行炒作,将报道建立在伤害采访对象的基础之上,丧失了媒体基本的良知。

近些年,这种人文关怀的缺失在媒体传播中并不少见,其中媒体主持人语言中缺乏人文关怀的问题也颇为突出。随着"说新闻"的节目形式开始走红,"说新闻"类直播节目中的主持人不像播报新闻时只需要通读稿件,一般临场自由发挥性很大,这就对主持人的素质要求更高。主持人一定要牢记自身肩负的重要职责,不能将私下的闲聊拿到大众传媒里作为主持语言出现,切忌任意发挥、口无遮拦。但是,现阶段一些主持人不顾公众形象和媒体的社会责任,节目中不仅语言随意,更是将本该严肃的内容娱乐化,丧失了媒体最基本的人文关怀。

---

① 杨刚.新闻媒体应重视人文关怀[J].晋中学院学报,2005,22(4):25-28.
② 孙丽萍.人文关怀精神对大众传媒的影响和意义[J].新闻大学,2001(2):13-14.

南京一家广播电台的主持人在报道中山陵发生的一起严重车祸时，先是用"好刺激""像拍电影"等缺乏同情的语言来形容车祸现场，后又在节目中调侃车祸伤者，说到兴起之处，两位主持人放声大笑。对弱者表示同情和善意是为人的基本道理，人文关怀也是媒体的基本责任。当车祸发生时，代表媒体的主持人不但没有对伤者表示同情，反而以调侃和戏说的口吻向受众传递信息，这是对受众错误的引导，也是对社会主流价值观的冲击，产生了极为恶劣的社会影响。一些媒体为了实现新闻娱乐化，语言信马由缰，这既丧失了做人的基本原则，也放弃了媒体的社会责任，实质上是"说"新闻的异化，是媒体社会责任缺失的表现。

5.4 小结

现阶段我国媒介生态的状况是非常复杂的，一方面，我国的政治、经济、技术、文化等生态因素不断进步，改善了媒体的生存环境，促进了媒体的良性发展；另一方面，我们也不能忽视媒介生态因素中一些限制和约束媒体良性发展的因素。例如，一些媒体在发展中急功近利，在文化传播中的不协调以及媒体融合中存在的疏漏等都会引起媒体社会责任的缺失。基于这种现状，笔者将结合实例探讨现阶段我国媒体社会责任缺失的危害和表现。

在媒介市场快速发展的今天，媒体受到多种因素的影响和制约，出现了社会责任缺失的状况，受到社会各界的诟病。通过梳理发现，现阶段我国媒体社会责任缺失的问题主要体现在媒体为受众服务中的信息缺位，媒体舆论监督中的行为失范，以及媒体维护公序良俗中的传播错位三个方面。

种种媒体社会责任缺失的问题不仅消解了媒体的公信力，更严重影响了社会的正常生产、生活，污染了社会文化风气，误导和扭曲了受众的认知和观念，对社会主义和谐社会的构建产生了极为不利的影响，成为社会良性发展中亟待解决的问题。

本章探讨了现阶段我国媒体社会责任的现实状况，这是研究论题中"提出问题"的部分，对这部分内容的梳理和总结为后文分析问题、解决问题打下了基础。

6 现阶段媒体社会责任缺失的原因分析

作为社会系统的重要组成部分,媒介的良性发展是保证社会安定和谐、人民群众安居乐业的重要基础和前提,因此,面对媒体存在的各种问题和媒体社会责任缺失的现状,我们必须思考这些问题存在的根源,以便媒体更好地履行社会责任。因此,整个社会处于相互勾连的网络之中,身处其中的媒体也必然受到社会场域之中各种因素的影响和制约,而这也是影响媒体社会责任担当的重要因素。从媒介生态的视阈出发,本章分别从媒介内部生态环境和媒介外部生态环境对媒体社会责任缺失的原因进行分析。

6.1 媒体社会责任缺失的内部原因

法国社会学家皮埃尔·布尔迪厄在谈到"新闻场"概念时指出,"新闻界是一个独立的小世界,有着自身的法则,但同时又为它在整个世界所处的位置所限定,受到其他小世界的牵制与推动。说新闻界是独立的,具有自身的法则,那是指人们不可能直接从外部因素去了解新闻界内部发生的一切"①。因此,从内部生态的角度考察大众传媒,寻找其中存在的问题,将有助于寻找媒体社会责任缺失的内部直接原因。

在市场经济快速发展的今天,媒体的产业属性越来越明显,除了坚守本身的"事业性质"外,也应该和一般企业一样融入市场发展的大潮之中,在市场经济中大力发展,而在市场经济中的发展也正是媒体实现自身社会功能和责任,提升国家软实力的基础。在市场经济中,企业必须重视自身的管理,良好的管理是企业成功的关键性要素之一,反之,经营与管理不善则是企业发展中出现

---

① 皮埃尔·布尔迪厄.关于电视[M].许钧,译.南京:南京大学出版社,2011:55.

各种问题的源头。大众传媒在企业化发展中也要考虑自身的管理,媒介管理中存在的各种问题往往是造成其社会责任缺失的主要原因。因此,本书从媒介管理的角度寻找媒体社会责任缺失的内部原因。

6.1.1 媒体战略管理错位

企业以未来为基点,在分析外部环境和内部条件的现状及其变化趋势的基础上,为寻求和维持持久竞争优势而作出的有关全局的重大筹划和谋略,即为企业战略①。在市场经济中,任何一家企业的发展都必须建立在明确自身定位并对未来发展作出规划的基础之上,具有"事业性质,企业管理"双重属性的我国媒体也不例外。媒体发展必须对自身角色和发展目标进行准确定位,这样才能在激烈的竞争中形成特色和优势,以便其更好地履行自身的社会责任。但是现阶段一些媒体在战略管理中出现错位,他们或是对发展目标的设定不够准确,或是对自身承担的角色认知不够清晰,这就极容易造成发展中的偏差,使其无力承担自身的职责。

1)核心竞争力的缺失造成同质化竞争

哈佛大学教授迈克尔·波特提出了企业经营中的差异化战略,这也成为媒介经营中的重要原则之一。差异化战略是指企业为用户提供与众不同的、独特性的东西,而这既意味着用户能够收获优质的服务与产品,又意味着企业形成一种核心竞争力以及较高的收益水平。因此,媒介的战略经营就要求大众传媒能够形成自身的核心竞争力,这是媒体更好地服务受众、利用自身资源的基础。

随着市场经济的迅猛发展,社会对信息的需求日益增强,媒体在社会生活中扮演了越来越重要的角色,在这种情况下,媒体有限的版面和时段是十分宝贵的,只有对其善加利用,才能保证其发挥最大的效果,服务于经济社会发展和人们的生产生活。但是,现阶段我国一些媒体在新闻传播中缺乏自身的核心竞争力以及应有的特色和创新,出现了同质化发展的问题。可以说,不论是在内容上抑或是形式上的同质化,都是限制媒体发展的不良因素。同质化将加剧媒体之间的竞争,一些媒体为了整合受众的注意力资源而降低了自身的传播品位和内涵,这导致虚假新闻和低俗化报道时有出现。此外,同质化还造成了"千报

---

① 支庭荣.媒介管理[M].3版.广州:暨南大学出版社,2009:243.

一面""千台一面"的尴尬局面,这是对媒体资源的极大浪费,而媒体如果长期进行同质化传播,那受众将对媒体失去信心,这将造成受众资源的严重流失,最终将以媒体的衰亡而告终。

例如,在"某声音"播出后,以其动听的音乐、新鲜的内容和充满悬念的环节引发了我国电视的收视狂潮,但此后不久,各大卫视台的音乐类选秀节目便接踵而至,《中国梦之声》《最美和声》《中国星力量》等从内容到形式都极大雷同化的节目在电视银屏中展开了一场白热化的竞争,这虽然给了受众更多的选择机会,但大同小异的节目内容势必造成观众的收视疲劳,同时这也是对节目资源的一种浪费,而缺乏自身的核心竞争力势必导致这些节目最终陷入疲乏的窘境。

媒体同质化问题出现的重要原因之一就是媒体在发展中没有寻找到自身的特色,没有对自身发展进行清晰而准确的定位,从而造成自身独具特色的媒体风格的缺失,以致众多"大同小异"的媒体在激烈的"厮杀"中只能选择以违反游戏规则的方式来搏出位,以此获得基本的生存,这就必然导致媒体出现社会责任的缺失,最终影响行业和整个社会的良性发展。因此,在媒体的发展中首要的就是设定凸显自身特色的媒体发展目标,要尽力避免因为媒体缺乏核心竞争力而造成的同质化竞争。

在生态学中,一个生物在群落和生态系统中的位置和状况决定了该生物的生存和发展状况,"每一个物种在环境化生存中都形成了自己特有的生态定位"[①]。媒体发展也应效仿生态学中物种生态定位的法则,找到适合自己的生态位,即在媒介生态系统中找到适合自己生存的位置。可以说,每一家成功的媒体都必定是设定了适合自身发展的目标,因此在运行中顺应了媒体发展的规律,凸显了自身发展的特色,形成了自身的竞争优势。可见,寻找自身的核心竞争力是非常重要的,这成为制约媒体良性发展的重要因素。

2)媒体角色错位造成社会责任缺失

"角色"这个概念最早来源于戏剧,原意指演员在戏剧舞台上根据剧情的要求而扮演某一特殊人物。后来,角色的概念被推而广之,应用到社会生活的各个领域。在现代社会,"角色是指个人在社会关系体系中处于特定社会地位、并

---

① 孙儒泳,李博,诸葛阳,等.普通生态学[M].北京:高等教育出版社,1993:50.

符合社会要求的一套行为模式"①。媒体要实现自身的社会角色,在很大程度上取决于媒体的战略管理实施策略与方法,不同性质的媒介要按照不同的战略模式运营,现阶段我国的部分媒体对媒介战略与媒介角色之间的关系认知还较为模糊,这就造成了我国一些媒体在市场经济的浪潮中迷失了自我,最终导致媒体角色的错位。

根据拉斯韦尔对媒体社会功能的界定,媒体具有环境监视、社会协调及社会遗产传承三大功能,因此媒体就被赋予了社会发展的瞭望者、社会矛盾的协调者和社会文化的传播者三大社会角色。这三大社会角色定位,对媒体活动提出了要求:媒体的报道要真实、客观、准确,为公众判断和国家发展提供可靠的依据;媒体要积极地进行舆论监督和社会引导,协调社会矛盾,保证社会平稳健康运行;媒体还要传承优秀文化,为社会发展和进步提供强大的精神动力。媒体角色与媒体社会责任呈现正相关的关系,只有把握媒体的社会功能,清晰地进行角色定位才能保证媒体履行社会责任,而媒体作为社会发展的瞭望者、社会矛盾的协调者和社会文化的传播者的角色一旦出现错位,就必然导致社会责任的缺失。

首先是社会发展瞭望者的角色定位。自然环境和社会环境是人们生存发展的基础,了解并掌握其发展动向有助于人类和社会的有序发展。自然环境和社会环境又不是一成不变的,它们是在永不停歇的动态发展中前进,因此,媒体作为社会发展的瞭望者,应该及时、准确地发现并传递环境的变化,保证人类和社会的良性发展运行。

作为社会发展的瞭望者,新闻媒体应该真实、准确、客观、公正地进行报道,这既是新闻的本质要求,也是新闻工作者的基本职业准则和规范。在此基础上,人们能够通过媒体报道对外界环境作出正确的预估和判断,以保证自身的发展。作为社会发展的瞭望者,媒体还应该对社会中可能出现的问题及时预警,帮助受众作出判断、规避风险,维护社会的平稳运行,这些都是社会发展瞭望者的角色定位所赋予媒体的基本社会责任。但是,现阶段一些媒体在履行社会发展瞭望者的角色时出现了错位的现象,更有一些媒体甚至放弃了自身社会发展瞭望者的角色,致使新闻报道的真实性、客观性大打折扣,还有一些媒体为

---

① 奚从清.现代社会学导论[M].2 版.杭州:浙江大学出版社,2012:94.

了自身利益甚至刻意制造卖点,扭曲、编造新闻,造成社会责任的缺失。这样的报道非但不能为民众和社会发展提供信息,反而会误导受众,使其判断决策产生偏向,影响经济和社会的良性发展。

其次是社会矛盾协调者的角色定位。社会是由各个系统、各个部门分工合作而构成的有机体。各系统、各部门在发展和运行的过程中需要不断地相互作用和配合,而在这个过程中,它们之间难免会出现各种矛盾和摩擦,这就需要相互间的交流和协调,而媒体恰恰承担起了社会矛盾协调者的角色,促进了社会各阶层、各部门之间的沟通,稳定了社会系统。

作为社会矛盾的协调者,媒体要善于联络、沟通,对社会中出现的问题要及时地给出理性的分析和判断,帮助受众正确地认识和看待问题,有效地进行舆论引导。除此之外,社会矛盾协调者的角色还要求媒体对不良现象要积极地进行舆论监督,督促问题的解决、促进社会的和谐,这些都是媒体社会责任的题中之义。但是,当媒体社会矛盾协调者的角色出现错位时,非但不能协调社会矛盾,反而会对社会发展中出现的问题进行添油加醋的大肆渲染,刺激、煽动受众的情绪,由社会矛盾的"减压阀"变为"催化剂",导致社会矛盾的加剧和社会裂痕的扩大,使人与人之间的关系变得冷漠。

第三是社会文化传播者的角色定位。人类社会的发展和创新是建立在对前人继承的基础之上的,社会文化的发展也不例外,只有将前人在生产、生活中创造出的优秀文化加以总结、利用并传播,才能创造出更多优秀的文化,促进社会的和谐发展。其中,媒体对文化的传承至关重要。

作为社会文化的传播者,媒体要传承优秀文化和科学知识,对受众的教养负责。现阶段,媒体在人们生活中占有越来越重要的地位,我国也有越来越多的民众通过报纸、广播、电视、网络等媒体去了解外部世界,丰富自身的知识和内涵。尤其是青少年受众,媒体中知识和文化的传承对于其素质的提高具有正相关的作用。因此,作为社会文化传播者的媒体承担了越来越重要的任务,要时刻准备着为社会发展和进步提供强大的精神动力。但是,随着一些媒体社会文化传播者的角色错位,他们摒弃了优秀文化和精良知识的传播,而将媒体传播的方向着眼于低俗化的内容,一切以吸引受众的眼球并牟取利益为目的,这对社会发展和国民素质的提高造成了严重的不良影响。

6.1.2 媒体人员管理疏松

随着市场经济的发展,越来越多的企业意识到人是企业发展中最重要的因素之一,人的思想、行为与创造力决定了企业的发展成败。可以说人是生产中最活跃的因素,他们的积极创造是企业活力与成功的源泉。但从另一方面来看,人的活跃又意味着其不可控性极强,人的不当行为将会对企业发展造成严重的负面影响甚至是无可挽回的后果。因此,重视人的因素,进行人力资源管理是企业发展中的重要一环。

媒介人员管理是对媒介从业者的管理,其中新闻工作者是媒介人员管理的主要对象。新闻工作者包括记者、编辑、制片人及其他媒体相关工作人员。这些人受教育的程度较高,但人员的流动性较大,他们经常性地随着栏目或节目的变化而更换工作岗位和工作内容。不可否认的是,这些人始终处于传播链条的第一个环节,是传播内容的发出者,因此,新闻工作者不仅决定着传播内容和过程的存在,也决定着传播内容和过程的质量。虽然网络媒体的出现在某种程度上动摇了新闻工作者的垄断地位,但他们却仍然在新闻传播过程中发挥着重要的作用。正如美国学者凯瑟琳·福尔顿所言:"新闻业和新闻记者不会消失。作为身处各种噪声之中的意义解释者和内容提供者,他们将变得更为重要。"①

可以说,新闻工作者的行为和传播的内容直接决定着媒体的发展状况以及媒体履行社会责任的状况。因此,在媒介人力资源管理中,应该严格把关的就是新闻工作者的专业理念和自身素养,加强这方面的管理既是对市场经济中公平交易原则的遵循,也是媒体双重属性的特殊要求。新闻工作者应该尽可能地按照事实的本来面貌进行报道,秉承客观、公正、完整的报道原则,但是现阶段在社会的飞速发展和变化之中,一些媒体在人员管理中过于疏松,对新闻工作者的专业理念和自身素养没有进行严格把关和引导,这就造成一些新闻工作者要么在经济利益中迷失了自我,要么出现了"主我"和"客我"的失衡,这都成为制约媒体履行社会责任的内部原因。

1)经济利益中的迷失降低了传播质量

市场经济的高速发展在为社会带来繁荣的同时也带来了一系列弊端,如人

---

① 凯瑟琳·福尔顿,周岩.新闻记者将会变得更为重要[J].新闻记者,2000(11):89-90.

们对物质的欲望越来越强烈,拜金主义思潮的涌动,等等。身处市场经济大潮之中的媒体也必然受到社会场域的影响,导致一些不良思潮渗入其中,而作为媒体运行的操作者和执行者,新闻工作者自身的理念和价值观也必然在市场经济的冲击下进行重构。作为新闻工作者的管理机构,媒体应该在其理念和价值观的重构中起到引导作用,着力培养其政治素养,但是现阶段一些媒体对其工作人员的管理却过于疏松。当一些新闻工作者的新闻专业主义素养和理念受到商业化的冲击和浸染时,媒体没有及时地给予警告和引导,以致其受到经济利益的冲击,出现了一些不顾社会利益、以自身利益最大化为目标的不当行为,这直接导致了媒体社会责任的缺失。

为了追求经济利益,一些媒体想尽一切办法增收创收,忽视新闻的社会价值和现实意义。例如,将广告额度强行摊派给栏目或每个新闻工作者,要求他们在完成媒体传播任务的同时还要承担一定的广告创收任务,甚至将广告和新闻工作者的工资收入挂钩,这就导致新闻工作者迫于生存的压力而"舍本逐末"。虽然国家相关部门一再强调"新闻业务和经营业务两分开",但现实中一些新闻工作者还是不得不身兼发行员和广告员的"职务"。为了维护自身的经济利益,一些新闻工作者无心专注于本职工作,而是将更多的精力用来完成广告任务,这大大降低了节目质量,是对受众的不负责任。

此外,还有一些新闻工作者公器私用,他们以新闻传播和报道作为牟取私利的工具,在收取采访对象的红包、礼品或其他方面的好处后,或是利用媒体对其夸大宣传,或是隐去涉及采访对象的批评报道,帮助其息事宁人。虽然这是极少数现象,但这种做法严重损害了记者的声誉和形象,导致有偿新闻的泛滥,也大大降低了传播的质量。例如,在社会上产生了较大影响的山西繁峙矿难11名记者受贿事件就是"有偿新闻"的典型案例。在此次矿难中,有38名矿工不幸罹难,但新华社山西分社记者在接到家属举报后并未去矿难现场进行采访报道,而是在收取了矿主的现金和金元宝等礼物后将此事瞒报,这也造成新华社对如此严重的矿难只字未发。此外,《山西经济日报》《山西法制报》《山西生活晨报》的多名记者在此次事件中也收受贿赂,隐瞒了事实真相,造成极为恶劣的社会影响。虽然这11名记者受到了法律的制裁,但事件却对新闻媒体带来了无可挽回的负面影响。

社会赋予新闻工作者崇高的地位,也对他们寄予厚望,新闻工作者应该做到在其位、谋其职、尽其责,切实承担起社会责任,为受众服务。目前,我国新闻工作者专业主义素养出现缺失的问题,已经成为媒体在市场经济良性发展中亟待解决的问题。

2)"主我"与"客我"的失衡造成主观成见

美国著名社会心理学家、哲学家乔治·赫伯特·米德认为任何人都包括"主我"与"客我"两个层面,他指出:"'主我'是有机体对其他人的态度作出的反应;'客我'则是一个人自己采取的一组有组织的其他人的态度。""'主我'既导致'客我',又对它作出反应。它们共同构成了一个出现在社会经验之中的人格。"①

新闻传播者在进行新闻报道时,"主我"和"客我"之间的平衡关系,也会对新闻传播活动产生影响。"主我"和"客我"的平衡能够保证新闻工作者的客观报道,而"主我"和"客我"的失衡,则会使新闻工作者带着主观成见或固有印象进行报道,这就可能出现报道失实、误导受众,从而导致媒体社会责任的缺失。

在新闻报道时,新闻传播者必然会受到社会环境和个人认知等因素的影响,当新闻工作者"主我"和"客我"出现失衡,就会对新闻事件或人物做出先入为主的判断,并根据自身的主观偏见进行报道。而这种判断和偏见通过新闻报道传递给受众,很可能会对他们理解事件和作出判断产生一种非客观的影响,这种影响被传递到社会之中,在社会中形成一种固定的判断和成见,而这种固定的判断和成见很可能是片面的甚至是不正确的。

例如,媒体对"富二代"的妖魔化是通过媒体的大量负面报道形成的。在对有"富二代"参与的负面新闻报道中,一些媒体及其工作者不是客观地报道事实,而是着重突出报道中"富二代"的身份和背景,将犯罪行为与"富二代"的身份联系起来,使其负面形象固化。在"胡斌飙车撞人案"中,一些媒体的报道不是专注于事件本身,而是刻意凸显其"富二代"的身份,"富二代飙车""富家子弟把马路当 F1 赛道"等报道和表述将肇事者胡斌的"富二代"背景与其飙车行为联系在一起,这极大地刺激了受众的情绪,引发受众对"富二代"群体的愤怒。而类似这样对"富二代"身份的负面报道倾向已经有愈演愈烈之势:"杭州富家子弟飙车撞死路人""上海歌林春天小区富家子打死保安""浙江45名富二

---

① 乔治·赫伯特·米德.心灵、自我与社会[M].霍桂桓,译.北京:华夏出版社,1999:189,193.

代农家乐聚众吸毒,身家均千万""富二代奢侈生活:糜烂奢华令人惊"等大量负面报道中都突出了"富二代"的身份,这使得受众对这个群体的认知贴上了"飙车""嚣张""奢靡""吸毒"等负面标签,形成了一种固定的成见。而这种成见蒙蔽了受众的视听,使他们忽视了现实中那些勤恳努力的财富继承者,导致社会对整个群体的误解。

"主我"和"客我"失衡的本质原因是新闻工作者专业主义素养的缺失,不能以公正、客观的报道去影响受众,而是以偏见化的报道误导受众的认知和理解。这些问题都亟须媒体及其工作者以及社会各方面共同努力,通过采取一系列措施加以应对和解决,力求建构起媒体客观平衡的报道机制。

6.1.3 媒体机制管理不健全

媒体的内部机制是确保媒体良性运作的基本规则,对媒体机制进行管理是媒体参与市场竞争的前提,其目标就是要确保媒体按照规范开展新闻传播活动。市场经济是法治经济,媒体的竞争也应该在法律允许的范围内展开,这样的竞争才是良性的、积极的,但是现阶段一些媒体并不以自身和社会的可持续性发展作为竞争的前提,而是为了牟取眼前利益放任媒体破坏竞争规则、采用各种违规甚至是违法的手段进行恶性竞争,致使媒体在发展过程中出现了一系列问题,导致社会责任的缺失。这些现象产生的重要原因之一即是媒体内部管理机制的不健全。一些媒体在内部管理中出现缺位,对媒体运行中的不当行为不能及时发现并予以规范和纠正,造成把关责任的缺失;还有一些媒体内部的考评机制不合理,他们以发稿量、收视率和点击量作为评判新闻工作者工作质量的唯一标准,甚至和他们的收入挂钩,这就极为容易使媒体工作产生偏向,降低了媒体传播的质量。

1)媒体管理不严造成把关的缺失

作为新闻工作者的主管单位,媒体应该对其新闻传播活动负责,更应该对其行为进行规范和引导,这样才能有助于媒体更好地履行社会责任,为社会发展服务。但是,当前一些媒体对新闻工作者的管理过于"松弛",只要他们能完成工作量就"万事大吉",对新闻工作者的行为甚至传播的内容基本上处于"不闻不问"的状态,更是没有主动地对新闻工作者进行关于社会责任方面的引导和教育,这就极容易造成媒体传播中把关的缺失,导致一系列社会责任缺失的问题。面对把关缺失出现的各种问题,一些媒体不是积极地承认错误、反思问题,而是想方设法地对自身错误和问题进行隐瞒包庇,想要大事化小小事化了,有些媒体甚至在没有弄清事实的真相前就为其工作者"击鼓鸣冤""摇旗呐喊",这进一步加剧了我国媒体社会责任缺失的现状,造成了恶劣的社会影响。

以陈永洲事件为例,当陈永洲因为虚假报道被警方拘捕后,其所在媒体《新快报》的行为就显现出媒体管理和引导中存在的严重漏洞。

在我国,媒体应该对稿件有严格的审查管理制度,稿件能不能发不是由记者一个人决定的,而要经过编辑和领导的层层审核和把关,陈永洲在不到一年的时间先后发表十多篇未经采访和核实的虚假报道,试问这些报道是否经过了报纸的层层审核和把关? 因此,陈永洲事件的发生足以证明《新快报》的管理机制存在严重的漏洞,甚至可以说其管理机制是完全失灵的,媒体对记者采写稿件的把关已经不复存在。

陈永洲被捕后,《新快报》不是积极地彻查事件真相并反思自身的过失和责任,而是大张旗鼓地利用自家媒体声援陈永洲。在陈永洲2013年10月19日被刑事拘留后,《新快报》于10月23日在头版上刊发大标题报道《请放人》。这篇声援陈永洲的头版头条稿件在版面占比高达4/5,头版除底处广告所占的1/5版面外,只刊登了《请放人》这一篇稿件。同时标题的三个大字采用了粗黑字体,且占用了整版约1/4的篇幅,由此可见《新快报》对陈永洲的力挺和要求警方放人的坚决态度。此次发声引起了社会强烈的反响,一时间社会中各种声音也同时聚焦于陈永洲事件。引起社会广泛关注后的次日,《新快报》再次在头版刊发大标题文章《再请放人》,呼吁警方释放该报记者陈永洲。虽然从版面占比来看,这次报道相对前一日有所减少,但在标题的字体设置上该文仍采用粗黑大字,且用蓝色中括号标出,引言也用蓝色打底,在整个头版中尤为突出。

可以说,《新快报》忽略了新闻传播中客观真实性的原则,在没有调查清楚新闻事实之前,就在版面上制造舆论、呼吁放人,是典型的"公器私用"的表现,其强硬的态度引导着社会舆论朝不正确的方向发展,这种做法更是体现出其内部管理机制中存在的严重问题。

由此可见,媒体管理过于"松弛"将直接导致媒体把关的缺失,造成传播中各种不良现象和一系列问题的产生,这是造成媒体社会责任缺失的直接性原因之一。

2）媒体考核机制不合理造成恶性竞争

为了对新闻工作者进行考核和管理，大部分媒体都结合自身特点制订了一系列的考核机制和标准。但是现阶段一些媒体的考核机制并不合理，他们以发稿量、收视率和点击量作为评判新闻工作者工作质量的唯一标准，收视率低的节目将直接停播，不能完成预期任务的记者面临着下岗或转岗，这就对新闻工作者形成了重压。这种生存的压力使得一些新闻工作者放弃了原有的新闻理念和工作原则，转而以多发稿、高收视和高点击率等考核标准作为从事新闻工作的唯一准则，这就容易引发媒体间的恶性竞争，造成媒体社会责任的缺失。目前来看，媒体考核机制不合理所引发的恶性竞争主要体现在以下三个方面：

首先，媒体考核机制的不合理可能造成新闻工作者无原则地抢发新闻。

新闻报道非常重视"新鲜性"要素，一般来说，新闻内容越新鲜，其信息量就越大，因此新闻报道要讲求时效性，这已经成为新闻工作者的共识，而抢发新闻也成为媒体中常见的现象。但是对新闻时效性的追求必须建立在传播内容真实、有益的基础之上，一些媒体忽略了这一基本前提，为了"拔得头筹"而抢发新闻，造成新闻失实，在社会中产生严重的不良影响。

2022年10月，网传56岁的拳王迈克·泰森去世，甚至还配有他躺在病床上的照片，顿时引发网友热议，也让很多粉丝信以为真，到泰森的社交媒体下面留言哀悼。随后这件事在国内疯狂发酵，各大网络平台纷纷对事件进行报道，最终导致泰森的名字冲上微博热搜。10月24日晚，泰森上传视频更新了社交平台，并与粉丝正常互动，谣言不攻自破。这时人们才发现假新闻的源头是一家位于美国的垃圾网站C93news，整天以各种名人去世的假消息博眼球。

造成这则报道失实的根本原因在于媒体抢发新闻。随着网络时代的到来，媒体间的竞争日趋激烈，一些媒体为了抢新闻而将网友发布的消息直接拿来报道，不做任何的调查核实，造成媒体虚假报道频现，这既误导了受众也对媒体的公信力造成了严重的损害。新闻工作者应该以此为教训，认真负责，努力承担社会责任。

其次，媒体考核机制的不合理可能造成新闻工作者无原则地抢夺受众。

在市场经济的竞争中，媒体的生产经营必须面向受众，可以说受众是媒体发展的基础和动力。我国媒体在市场经济的浪潮中获得了高速的发展，受众规模在逐步扩大,但因为我国人口数量增长有限,受众规模不可能持续性快速增长,媒体对受众的开发更多地体现在与其他媒体的竞争之中,因此,近年来媒体对受众的争夺日趋白热化。

尤其是现阶段在我国一些媒体中,收视率、发行量成为衡量内容好坏和质量高低的唯一标准,还有一些媒体实行末位淘汰制,对收视率低的节目直接停播,这必然会导致媒体盲目地追求收视率和发行量,甚至有人评价媒体进入一个"收视率为王"的时代。为了提高收视率和发行量,媒体不惜一切手段,甚至以低俗化的内容来吸引受众,以达到自身盈利的目的,完全将媒体的社会责任抛在脑后。

在市场经济的发展中,媒体要以受众为中心,注重受众的需要和喜好,这是其积极面向市场的表现。因此,一些媒体就将低俗化的成因归罪于受众,认为是受众的低俗需求导致媒体必须提供低俗的产品与之应和,否则媒体将会失去受众、失去市场而无法生存。

这其实也是媒体对受众产生的误解。根据马斯洛的研究,人的需求从高到低分为不同的层次。每个人都内含着高层次和低层次的不同需求,在不同的影响或诱导下,或高或低的不同层次需求会被释放出来。媒体提供低俗的内容,受众内在的低层次需求就会被唤醒,因为这些内容简单、易于理解、不需要动脑思考,所以受众的接受就会更快一些、接受程度会更高一些。而当媒体看到受众较好的接受程度,就会主观地对受众的需求进行判断和定位,认为受众需要的就是低层次的内容,因而媒体传播的内容就更加低俗化。如此一来,便形成了恶性循环,加重了媒体报道的低俗化。

这种低俗化的内容不仅伤害了受众,也伤害了媒体,对媒体的生产经营和可持续性发展产生不良的影响。受众内心其实是有着"求美"的高层次需求的,关键是媒体怎样去引导受众,使其释放出这种需求。这既是媒体的责任也是媒体良性发展的出路,值得媒体人深思。

第三,媒体考核机制的不合理可能造成新闻工作者无原则地抢夺广告。

在媒体经营中,广告经营是其中非常重要的一部分内容,甚至影响到一家媒体的整体运作情况。广告的刊播应该是广告商和媒体之间双向选择的结果,广告商投放广告主要是考虑广告投放后的效果,因此在媒体中投放广告,一是要考虑受众的数量,二是要考虑受众是否是商品的潜在消费群体,只有按照这种标准考察媒体、投放广告,才能获得最大的投资效益。而媒体也应该尽量按照节目或报道内容选择广告,这样才能达到经济效益和社会效益的双赢。

但在实际操作中,有些媒体背离了这一标准,将广告商和媒体之间的双向选择变为广告商的单项选择,它们根本不去考虑广告是否与媒体适合,内容是否健康有益,而是以获得广告收入为第一原则。于是,在面向青少年的节目中出现红酒广告、在广播中大时段播放卖药广告、在影视剧中植入式广告泛滥等问题一次又一次出现在媒体中,降低了节目的质量,干扰了受众的视听。

一些媒体为了追求自身经济利益,甚至放弃了真实报道和舆论监督的责任,对广告客户的违法违规行为坐视不管,还有一些媒体刊播的广告误导了受众,严重影响了受众的身心健康。这些不负责任的行为破坏了媒介生态环境,也使媒体的公信力丧失殆尽。

除此之外,更有一些媒体为了获得广告投资而采用极端的手段进行恶性竞争。为了赢取广告投资,一些媒体无节制地让价或竞相压价,造成行业秩序的混乱;还有一些媒体在广告客户面前相互诋毁,造成两败俱伤的局面;甚至有一些媒体以曝光和抹黑报道威胁客户刊登广告,其行为极为恶劣甚至触犯了法律。

综上所述,媒体的生产经营必须参与到市场经济的竞争中去,而媒体竞争中的不当行为造成了大众传媒社会责任的缺失,大众传媒社会责任的缺失又进一步加剧了媒体间的不良竞争,这就形成了一种恶性循环。相反,媒体积极、合理的竞争则会促进媒体履行社会责任,形成一种良性循环。因此,我们只有努力促进媒体形成一种良性循环的态势,它才能更加健康、合理地发展,才能承担起相应的社会责任。

6.2 媒体履行社会责任的外部制约因素

依据邵培仁教授对媒介生态系统建构的分析模型,媒体的社会责任不是孤立存在的,它的履行状况受到内外部多种因素的影响和制约,因此,除了从媒体内部寻找其社会责任缺失的原因之外,还应该以媒介生态的视阈从外部考察媒体履行社会责任的制约因素。从媒介生态系统的分析模型可知,媒体履行社会责任的外部制约因素主要包括政治环境、经济环境、文化环境和技术环境四种因素。因此,本书以媒介生态的视阈考察政治、经济、文化、技术等外部因素对媒体履行社会责任的影响,这种分析具有一定的社会现实意义。

6.2.1 政府角色转型有待进一步推进

在社会经济不断向前推进的同时,我国的政治民主水平也不断提升,政府逐步由管理者的角色转向服务者的角色,其公开透明程度也在进一步提高。可以说,我国政府正在积极地进行角色转型,努力推进社会的公平和正义,减少权力的集中和不透明,以促进社会的良性发展。但是,在政府转型过程中还面临着一系列的问题,这就可能影响到媒体的正常运行和发展,导致媒体社会责任的缺失。

媒体既要为政治服务,也要承担公共领域职责,要监督政府、制约权力、为社会公共利益服务。从本质上说,媒体为政治服务和承担公共领域职责两者是不矛盾的。我国是社会主义国家,人民当家作主,是国家的主人,媒体为国家政治服务本质上就是为人民服务,而媒体的公共领域职责也是要服务于社会大众的,因此可以说两者是统一的。

作为社会的重要组成部分,媒体的存在必须要为社会的良性发展服务,这就要求媒体必须承担起社会责任。但承担社会责任不可能完全依靠媒体的自律来完成,自律的制约程度和手段必定有限,并且缺乏他律的自律必定是软弱无力的。因此,当媒体不能承担社会责任或者违背了社会公德时,必然需要相关的法律和监管来实现他律,对相关媒体或责任部门、人员进行惩处。

目前,我国对新闻媒体的他律出台了相应的法律法规,但还需要后期不断完善。因为媒体行业组织缺乏权威性,如果政府过于管控,媒体表达自由的空间就会压缩,所以需要媒体更多的自律。

现阶段,我国能够约束媒体活动和行为的除了国家层面的法律法规,新闻行业也相继出台了相应的规章制度。但随着网络媒体时代到来,任何人只要有网络就可以在自媒体的空间内接收信息并发表对事情的看法,任何人只要有网络和网络工具就可以实现自媒体时代的言论自由,现有法律法规对网络媒体从业者的针对性不强,约束力不够,责任界定不够清晰,造成了对自媒体监管滞后的现状,这对网络媒体社会责任的履行和惩处都极为不利。

一方面,缺少相应的法律监管就无法保证网络媒体和从业者的正常活动,当网络媒体想要进行舆论监督,把真实的信息传递给受众时,可能会因为缺乏法律依据支撑无法完成;另一方面,当网络媒体不能履行自身的社会义务,出现社会责任缺失和一系列失范行为时,又可能会让问题网络媒体钻了空子、逍遥法外。

除了缺乏相关的法律法规,对媒体监管的不到位也会造成其社会责任的缺失。各级党委和政府在对媒体进行监管时,由于缺乏细化的监管条例和部门,难免会出现一些疏漏,造成新闻失实、舆论监督缺位、越位等一系列问题。尤其是网络媒体,诞生时间晚、发展迅猛,对其监管缺乏经验,就更容易出现监管缺位的现象。而由于网络媒体具有即时、海量、互动性强等特点,其报道失实、内容低俗、舆论暴力等问题又恰恰是最严重的,这就要求相关部门必须重视这个社会责任缺失的重灾区,制定相关的监管条例并加强监管力度,规范网络媒体的活动。

6.2.2　过分商业化导致媒体公共性消解

作为市场经济发展中的重要一分子,媒体会参与到市场经济的发展之中,谋求自身的经济利益,我国媒体具有"事业性质,企业管理"的双重属性,因此媒体对经济利益的追求必须建立在其"事业性质"的基础之上,建立在为党和人民服务的前提下。回望我国媒体发展现状,在市场经济的大潮中,媒体生产的专业化与商业化不断博弈,过分的商业化导致媒体公共性的消解,使媒体放弃了对社会效益的追求,其社会预警、思想引领等责任的缺失可能会造成不良的社会影响。

媒体对经济利益的追求必须控制在合理、合法的范围内,一旦媒体开始过分追求经济利益,必然导致其社会责任的缺失。目前,我国媒体盈利的最主要方式就是广告,而广告收入也成为评价媒体发展情况的一项重要指标,因此,广告对媒体的重要性不言而喻,媒体追求较高的广告收入也无可厚非。广告收入应该与媒体自身的发展成正比,媒体对广告的追求是建立在自身提升传播内容的基础之上的。但是一些媒体不是通过提升自身传播质量来赢取广告,而是将广告商奉若神明、唯命是从,沦为广告商宣传和美化自身的工具。这就导致一些广告商利用媒体刊播软文广告甚至是虚假广告,损害了受众的身心健康。一旦新闻报道中出现与广告商相关的负面新闻,这些媒体就会尽量淡化事件或者干脆失声不进行报道,更不可能主动对自己的"财神爷"进行舆论监督,揭露其不当行为。前文中提到的三鹿集团就曾经通过投放广告来阻止一些媒体报道问题奶粉导致肾结石问题。因此,一切朝"钱"看就必然会导致媒体丧失本身的功能和职责,出现新闻失实、舆论监督缺位等问题。

还有一些媒体及其工作者因为受到经济利益的诱惑而丧失了自己的原则,将职业操守和职业道德远远抛在脑后。

备受诟病的"有偿新闻"就是媒体及其工作者将国家和社会赋予的新闻传播权利作为个人的私有商品而非法出卖和利用,是一种公器私用的行为。这些行为轻则降低了新闻报道的质量,导致软文广告的出现,重则掩盖真相、颠倒黑白,破坏了新闻的真实、客观、公正原则。同时,"有偿新闻"的行为腐蚀了新闻工作者队伍,降低了记者的品格,在社会中造成不良的影响。

随着市场经济的发展,一些媒体在处理社会效益和经济效益的关系时产生了偏差,他们越来越看重传播中带给他们的经济收获,而现代传媒获取经济利益的关键在于其"第二次售卖",即"将凝聚在自己的版面或时段上的受众'出售'给广告商或一切对这些受众的媒介关注感兴趣的政治宣传者、宗教宣传者等"①。因此,为了提高发行量、收听收视率和点击量,媒体忽略了自身的社会责任,而将吸引受众的注意力资源作为传播中的第一标准。

新闻价值构成的六要素包括真实性、新鲜性、重要性、接近性、显著性和趣味性。我国新闻报道尤其重视"重要性"这一要素,因为它是关乎人民群众的工作、生活,和人民群众利益关系越密切的信息,重要性越强,新闻价值也就越大。但是在经济异化的情况下,一些媒体不再去考虑社会效益和长远发展,是以吸引受众的眼球为目标,以赚取眼前的经济利益为宗旨,他们以轻松、简单、无须思考的内容充斥媒体,在报道里忽略了新闻价值中的重要性要素,更多地关注显著性和趣味性要素。于是乎,凶杀、暴力、色情、灾难、名人绯闻趣事等低俗化、娱乐化的内容泛滥于媒体报道之中,媒体成了趣闻琐事的汇报员,越来越多的人淹没在低俗化的报道中,丧失了自身的原则、价值和判断。

相比传统媒体,网络媒体的低俗化更甚。"艳照门"事件发生后,网络媒体非但没有对受众进行正确的舆论引导,反而利用自身的即时性、海量性等特点

---

① 喻国明.影响力经济:对传媒产业本质的一种诠释[J].现代传播(北京广播学院学报),2003(1):1-3.

将事件迅速传播、扩展开来,使不雅照落入成千上万的网民之手,这无疑放大了社会丑闻,对事件的恶化起了推波助澜的作用。

当然,解决媒体低俗化的问题是一个长期而艰巨的任务,新闻学界和业界都在摸索和探讨之中。首先应该肯定的一个前提是,市场化不是媒体低俗的本质原因,两者不能画等号。市场化讲究公平交易、平等竞争、互惠互利,而媒体低俗化恰恰违背了公平、平等的原则,采取了非正常的恶性竞争手段,最终导致市场竞争的无序和失衡,同时,媒体的低俗非但没有给受众带来任何的"惠"和"利",反而是对受众的一种精神污染和伤害,也违背了市场化交易中互惠互利的原则。因此,媒体的低俗之风实质上是媒体社会功能错位而导致的媒介生态失衡,是媒体陷入经济异化怪圈后所出现的不良社会现象。

6.2.3 多元文化与媒体履责相互影响

多元文化的形成让世界听到了不同的声音,让民众有了更加开阔的视阈和不同的选择,促进了文化多样性的形成,是社会的进步和发展。当然,多元文化形成和发展的过程中媒体发挥着巨大的作用,媒体是否履行社会责任与多元文化的发展之间有着千丝万缕的联系,两者相互作用、相互影响。

媒体是多元文化传播的主要渠道,应该意识到自身肩负的重大社会责任,在传播中自觉地以主流和先进的社会文化滋养受众,这将大大有益于国民素质的提升与和谐社会的建设,最终促进媒体进一步自觉地履行社会责任,形成多元文化生态环境与媒体履行社会责任之间的良性循环状态。反之,媒体社会责任的缺失将会造成文化传播中把关不严,对低俗、不良和非主流价值观的传播将导致社会文化的混乱和迷失,而混乱的社会文化又会对受众产生影响,降低他们的品位和需求,这又将进一步加剧媒体对不良文化的传播,造成媒体社会责任的缺失,由此形成一种恶性循环。

我国正处在快速发展的新阶段,社会需求明显增加,社会矛盾开始凸显,多元文化之间的冲突加剧。一些非理性、非主流的价值观念对社会主义核心价值观造成了冲击,人们的思想发展面临着前所未有的复杂形势,媒体在多元文化传播中也出现了一些与主流价值观不和谐的声音。

随着市场经济的发展,人们生活水平逐步提高,一些人越来越注重物质和金钱,认为金钱就是一切、金钱是万能的,拜金主义思潮开始显现。媒体中对

"拜金"行为的大肆渲染报道并不鲜见,对受众缺乏正确有效的引导,也是导致拜金主义思潮泛滥的主要原因。一些媒体在宣传报道中大肆宣扬富人的奢靡、享乐生活,渲染这种生活的美好,甚至毫不掩饰地为这种生活点赞,在受众中产生了不良的社会影响。

尤其是人生观、世界观和价值观还未完全树立起来的青少年,拜金思潮的疯狂传播对他们的成长造成了严重的负面影响。青少年是祖国的未来,他们的发展决定着国家的前途和命运。近年来备受关注的各类炫富事件,其主角基本都是青少年,究其行为的根源则是被金钱扭曲和玷污了的价值观,而媒体不负责任的传播是造成青少年拜金主义思潮和对社会错误认知的主要原因之一。因此,媒体在文化传播中也同样担负着维护社会稳定、促进民众文化修养提升等重要责任。

在多元社会的发展中,人们原有的价值观念和价值体系受到冲击,造成社会中出现诚信缺失的问题。这时,媒体应该以客观的报道对受众进行正确的引导,尽量弥补社会发展中出现的偏差和裂痕,而不是火上浇油,为了吸引受众而夸大事实甚至虚假报道。以食品安全报道为例,这些年随着经济的快速发展,百姓的消费能力越来越强,但和健康息息相关的食品出现的问题却越来越多,因此媒体对食品安全的报道总是能够成为受众关注的焦点。"地沟油""毒馒头""瘦肉精""三聚氰胺牛奶"……媒体对食品安全的"穷追不舍"曝光了一系列问题食品,这对保证民众的健康、维护社会的正义确实起到了积极的作用。但是也有一些媒体打着食品安全的旗号,以虚假报道和恶性炒作来吸引受众眼球,造成了社会恐慌和信任危机。"毒香蕉""毒西瓜""毒白菜"等内容不实的食品安全报道一次又一次地出现在人们生活之中,每一次都触动了人们本已脆弱而敏感的神经。拿人们关心的食品安全问题进行炒作和虚假报道,以此来达到吸引受众的目的,这是极为卑劣的做法,这既是媒体社会责任的缺失,也是媒体道德的沦丧,严重损害了媒体的公信力。虚假新闻的编造者虽然已经受到了惩罚,但假新闻带来的影响还远远不能消除,人们对食品卫生安全的忧虑进一步加深,社会中本已脆弱的诚信更是雪上加霜,社会责任缺失的问题进一步凸显。

6.2.4 技术进步中机遇与挑战并存

虽然技术的进步促进了新的媒介形态的产生和新的报道方式的出现,但这并不能说明技术进步对人类发展一定起正向作用。可以说,技术的进步是一把"双刃剑",既包含着有利于媒体履行社会责任的方面,也可能会加剧媒体社会责任的缺失。

一方面,技术的进步有利于媒体更好地履行社会责任。技术的进步扩展了媒体报道的领域和角度,媒体可以更加近距离地接近事实、透视本质,有利于其对事件进行真实和全面的报道;技术的进步还可以帮助媒体用更加新鲜、多样的方式进行舆论引导、传承优秀文化,更好地履行自身的社会责任;技术的进步,尤其是网络媒体的发展,有助于舆论监督的强化,人民群众通过媒体对国家事务和社会公共事务进行监督,有利于促进国家民主的发展和社会的稳定。

另一方面,技术的进步也可能会加剧媒体社会责任的缺失。随着技术的进步,一些新闻记者不是去基层找新闻、去现场采访报道,而是坐在家里闭门造车,通过几个电话或是网上的流言蜚语就将新闻"拼凑"出来,造成新闻的失实。除此之外,网络媒体中"人人都可以成为记者"进行新闻报道,加之网络中把关和审核不严,也容易出现虚假报道。一些媒体利用技术的进步进行偷拍、暗访,侵犯了报道对象的肖像权、隐私权,也造成了媒体中低俗报道成风,污染了媒体环境,对受众产生了不良影响。除此之外,网络媒体中舆论传播渠道的多样化、舆论内容的复杂化使得媒体舆论引导面临更大的问题和挑战,而网络舆论暴力的出现也让我们更加理性、一分为二地看待网络舆论监督。这些都是因技术的进步可能造成的媒体社会责任的缺失,是技术进步带来的负面影响。

其实,技术本身无所谓好坏,只是一种工具和手段。我们说技术进步是一把双刃剑,关键是看人类如何对新技术加以利用。"技术产生什么影响,服务于什么目的,不是技术本身所固有的,而取决于人用技术来做什么。"①技术进步可能会使媒体更好地履行社会责任,也可能会为媒体履行社会责任带来一系列问题,而人类拥有管理和控制技术的能力,只有对技术善加利用,才能让媒体和社会朝着更加良性的方向发展。

---

① 郭庆光.传播学教程[M].2 版.北京:中国人民大学出版社,2011:117.

6.3 小结

法国社会学家皮埃尔·布尔迪厄认为，整个社会处于相互勾连的网络之中，因而身处其中的媒体也必然受到社会场域之中各种因素的影响和制约，而这也是影响媒体社会责任担当的重要因素。本章从媒介生态的视阈出发，从媒介内部战略管理、人员管理和机制管理三个方面寻找媒体社会责任缺失的原因，从媒介外部的政治环境、经济环境、文化环境和技术环境四个方面寻找媒体履行社会责任的制约因素。

从媒体战略管理的角度来看，媒体要实现自身的社会角色，在很大程度上取决于媒体的战略管理策略与方法。目前，我国的媒介战略管理和研究都相对落后，对媒介战略与媒介角色之间的关系认知还较为模糊，这就造成了我国一些媒体在市场经济的浪潮中迷失了自我，最终导致媒体角色的错位。此外，媒介的战略经营要求大众传媒形成自身的核心竞争力，这是媒体更好地服务受众、利用自身资源的基础，而缺乏核心竞争力将引发媒体间的同质化竞争，造成媒体资源的浪费。

从媒体人员管理的角度来看，新闻工作者是媒介人员管理的主要对象，这些人受教育的程度较高，但是人员的流动性却较强，他们经常性地随着栏目或节目的变化而更换工作地点和工作内容，这些人处于传播链条的第一个环节，他们直接决定着传播的内容和质量。现阶段一些媒体对人员管理过于疏松，以致一些新闻工作者新闻专业主义理念缺失，这导致其在经济利益中的迷失。此外，由于媒体缺乏相关的引导，一些新闻工作者还出现"主我"与"客我"的失衡，这就造成其将主观偏见带入报道，也成为影响媒体履行社会责任的重要因素。

从媒体机制管理的角度来看，媒体的内部机制是确保媒体良性运作的基本规则，对媒体机制进行管理是媒体参与市场竞争的前提，其目标就是要确保媒体按照规范开展新闻传播活动。现阶段媒体管理机制不健全造成其内部管理不严，一些媒体把关责任缺失，对媒体运行中的不当行为不能及时发现并予以规范和纠正。还有一些媒体内部的考评机制不合理，他们以发稿量、收视率和点击量作为评判新闻工作者工作质量的唯一标准，这就极容易使媒体工作产生偏向,造成新闻工作者无原则地抢发新闻、抢夺受众和广告资源,降低了媒体传播的质量。

从政治环境的角度考察,现阶段,我国能够约束媒体活动和行为的除了国家层面的法律法规,新闻行业也相继出台了相应的规章制度。但随着网络媒体时代的到来,任何人只要有网络就可以在自媒体的空间内接收信息并发表对事情的看法,任何人只要有网络和网络工具就可以实现自媒体时代的言论自由,现有法律法规对网络媒体从业者的针对性不强,约束力不够,责任界定不够清晰,造成了对自媒体监管滞后的现状,这对网络媒体社会责任的履行和惩处都极为不利。

从经济环境的角度考察,媒体生产的专业化与商业化在市场经济的大潮中不断博弈,过分商业化将导致媒体公共性的消解。过分商业化"浸染"了媒体及其工作者,造成其以经济利益为先,降低了自身的品格,放弃了媒体的社会责任。过分商业化还导致低俗文化的出现,这降低了国民素质,是媒体发展中亟待解决的问题。

从文化环境的角度考察,多元文化与媒体履行社会责任相互影响、相互作用。媒体是多元文化传播的主要渠道,为文化的交流、传播、融合提供了广阔的空间。媒体社会责任的缺失,低俗、不良和非主流价值观的传播会造成社会文化的混乱和迷失,而混乱的社会文化又会对受众产生影响,造成受众的低俗需求,这又进一步加剧了媒体对不良文化的传播,形成一种恶性循环。因此,媒体一定要切实承担起社会责任,促使社会文化与媒体社会责任之间形成良性循环。

从技术环境的角度考察,技术进步既带来了机遇也带来了挑战。技术进步带来新的媒介形态和新的报道方式,但是否合理利用新技术直接决定了媒体履行社会责任的状况。一方面,技术的进步有利于媒体近距离地接近事实、透视本质,更好地承担起社会责任;另一方面,技术的进步可能会造成记者"闭门造车"做新闻、利用偷拍等手段侵犯报道对象权利、网络舆论暴力等负面问题。因此,只有对技术善加利用,才能让媒体和社会朝着更加良性的方向发展。

以上问题都是造成现阶段我国媒体社会责任缺失的原因,这亟须采取合理的措施给予解决。这一章是研究论题中分析问题的部分,这部分研究为后文中解决问题奠定了基础。

7　对媒体履行社会责任的思考

　　党的十八届三中全会提出了"推进国家治理体系和治理能力现代化",这是继工业、农业、国防、科技"四个现代化"之后,国家提出的"第五个现代化",是上层建筑和思想文化意识形态的现代化,这一提法体现了党和国家对"现代化"的深层认识。国家治理体系和治理能力现代化是中国共产党执政掌权理念的跨越式发展,它不同于以往的国家统治和国家管理,而是提倡在坚持党的领导和国家主导的前提下,更加注重各方的主观能动性和积极参与性,以期通过充分调动和运用法制的力量、市场的力量、社会的力量、人民的力量等,共同实现各项事务治理的制度化、规范化、程序化和民主化,让社会发展更加公平、公正,社会发展成果更多惠及人民。

　　新闻媒体的发展与社会的发展和时代的变迁有着密切的联系,可以说新闻媒体的发展被深深地烙上了时代的印记。国家治理体系和治理能力现代化的提出意味着各级党委和政府会更加带头维护制度权威,作制度执行的表率,能更好地把我国制度优势转化成国家治理效能。新闻舆论工作本身就是中国特色社会主义事业的有机组成部分,由于新闻媒体和新闻舆论强大而独立的整合功能,做好新闻舆论工作是实现国家治理体系和治理能力现代化目标的有力推进器和黏合剂。发挥好新闻舆论工作的独特功能,凝心聚力,趋利避害,是推动国家治理体系和治理能力现代化必不可少的重要条件。

　　以媒介生态的视阈进行考察,得知媒介外部环境和媒介内部环境对媒体形成客观平衡的报道机制有着重要的影响作用,而造成媒体社会责任缺失的主要原因就是媒体内外部环境中各种要素的影响和制约。顺着这一思路,对媒体如何更好地履行社会责任作进一步的思考,以媒介生态的视阈进行考量,只有使媒体形成客观平衡的报道机制才可能制约媒体社会责任的缺失。因此,针对前文中媒体社会责任缺失的内部原因和媒体履行社会责任的外部制约因素,本章将结合我国实际情况对媒体如何更好地履行社会责任进行探讨,希望研究对于解决媒体社会责任缺失的问题有所启发,促进媒体朝着更加健康良性的方向发展。

7.1 对媒体履行社会责任内部环境的思考

新闻舆论工作本身就是中国特色社会主义事业的有机组成部分,做好新闻舆论工作,本身就是推进国家治理体系和治理能力现代化的重要内容。新闻媒体在其发展过程中将拥有更多的自主权,发展政策将更加宽松,媒体的市场化程度也将进一步提高。在国家治理体系和治理能力现代化背景下,媒体发展需要更多的自律。这就要求媒体必须从自身做起,保证媒体内部的规范性和协调性,为媒体更好地履行社会责任打下基础。针对前文中我国媒体社会责任缺失的内部原因,国家治理现代化背景下媒体的自律主要从重视媒体的战略管理、完善媒体的机制管理和加强媒体的人员管理三方面展开论述。

7.1.1 重视媒体的战略管理

重视媒体战略管理是媒体明确自身角色、打造核心竞争力的关键,同时也是确保媒体履行社会责任的第一步。媒体应该重视自身的角色定位以及核心竞争力的培育,找到媒体发展中的个性和特色,以便更加积极地参与到市场竞争之中。此外,媒体还应该加强对新闻从业人员社会责任观念的引导,使其从内心真正认识到媒体履行社会责任的重要性,使践行社会责任成为媒体战略中不可或缺的部分,这样新闻工作者才能更加自觉地规范新闻传播活动,促进媒体健康有序的发展。

1)打造媒体核心竞争力

在激烈的市场竞争中,媒体时常出现各种失范行为,其中重要的原因之一是媒体在发展中没有找准发展目标,难以形成自身的特色优势,这就造成了媒体间的同质化竞争。媒体的市场化发展要求其具有鲜明的个性特征,要解决这一问题,媒体就必须找准自身的发展方向,打造自身的核心竞争力。

核心竞争力通常是指企业依据自己独特的资源,在内部培育出来的不同于其他企业的关键竞争能量与优势①。可以说,核心竞争力是一家企业发展中不可替代的关键性要素,是企业竞争中的重要无形资源。在媒体市场化发展过程中,打造核心竞争力对媒体自身发展及其社会责任的履行具有战略性意义。从媒介生态的视角来看,媒体打造核心竞争力主要应该从找准自身生态位以及丰富自身生态结构两个方面着手。

首先,媒体要在发展中找准自身的生态位。生态位是指生物种群在群落中的生活方式和其在时间和空间上占据的位置②。两家或多家媒体生活在同一生存环境中,如果其生态位是相同的,那么必定要形成竞争,直到最后分出胜负,其中的一家或多家媒体被淘汰。目前,我国媒体的这种同质化竞争的状态正是媒体分出胜负前的较量。

为了能在激烈的竞争中立足,媒体必须对自身进行准确的目标定位,这就要求媒体必须选择错开生态位,"一方媒介进行定位创新和内容创新,并利用自身的优势形成自己的个性特点,打造自己的核心竞争力,与对手进行差异化的错位竞争,实现生态位分化"③。只有这样,一家媒体才能得以生存并继续保持发展。

除了要选择错开生态位,媒体还要根据自身发展状态对生态位不断地进行调整。按照媒介生物钟的规律,每一种媒介发展都会经历诞生、发展、鼎盛、衰退这种周而复始的变化轨迹,在发展的不同阶段,媒体必须不断地修正自身的生态位。一些媒体在诞生和发展初期可能处在原始生态位状态,当时媒体间的竞争尚未形成,媒体可以规避竞争所带来的损失。但是一家媒体不可能永远"独大",随着其他媒体的发展,势必又将形成竞争的态势,这时就需要媒体进行生态位的重新整合,重新寻找自身的优势和发展出路。

其次,媒体要不断丰富自身的生态系统结构。"生态系统的结构越复杂,能量流和物质循环的途径越多,其调节能力或者抵抗外力影响的能力就越强。结构越简单,生态系统维持平衡的能力就越弱。"④顺应这一媒介生态的原理,媒体发展中都应该尽力地去丰富自身的生态系统结构,提供更多、更丰富的产品供

①　支庭荣.媒介管理[M].3 版.广州:暨南大学出版社,2009:255-256.
②　邵培仁,等.媒介生态学:媒介作为绿色生态的研究[M].北京:中国传媒大学出版社,2008:252.
③　邵培仁.传播生态规律与媒介生存策略[J].新闻界,2001(5):26-27.
④　邵培仁,等.媒介生态学:媒介作为绿色生态的研究[M].北京:中国传媒大学出版社,2008:278.

受众选择,这是媒体整合生态系统、规避风险的基本原则。

以具有较高影响力的《羊城晚报》来看,其责任感和公信力一直是该报打造的核心竞争力。《羊城晚报》在其核心竞争力的形成过程中,先是打造不同于机关报的亲民形象,而后以"今天的、新鲜的、精彩的、有魅力的"为口号狠抓新闻深度报道,不论如何改革,该报始终坚持与同类型报纸错开生态位,做到独具特色,同时也尽力为受众提供多元化的选择。当现有的特色消失时,《羊城晚报》也通过自身的调整改革积极地开拓创新渠道和新的读者群,最终将自身的核心竞争力定位于新闻的质量和视角。

综上所述,媒体只有找准生态位并不断丰富自身生态系统结构,才可能更加准确地进行自身定位,打造核心竞争力,以便在激烈的市场竞争中立于不败之地。

2) 打造媒体的社会责任文化

重视媒体战略管理,树立起良性的发展目标是媒体履行社会责任的基础,这就要求媒体必须明确自身的角色定位,积极打造媒体的社会责任文化。媒体引导是个人责任意识萌发的基础,只有当媒体内部营造出积极履行社会责任的氛围,当媒体树立起社会发展的瞭望者、社会矛盾的协调者和社会文化传播者的角色,媒体工作者才可能遵从媒体发展的理念和精神,更好地开展自身的活动。

相对于加强媒体的监督管理等他律手段,媒体内部引导则是指媒体的协调和自律。通常来说,只有通过道德主体的内在自律才能从根本上提高道德水准,他律只有与自律相结合才能最大限度地发挥作用,达到最佳状态。恩格斯说:"每一个阶级,甚至每一个行业,都各有各的道德。"①因此,媒体内部除了要出台一系列规章制度加强对工作者的监督之外,更应该积极地整顿内部风气,引导新闻工作者展开媒体社会责任的学习和讨论。

首先,要大力倡导并构建起媒体的道德规范。媒体管理者要充分认识到道德规范在媒体履行社会责任过程中的重要性,积极地组织和引导内部工作人员学习。媒体可以定期组织从业人员开展关于思想意识方面的学习,既可以引导

---

① 中共中央马克思恩格斯列宁斯大林著作编译局.马克思恩格斯选集:第四卷[M].北京:人民出版社,1972:211.

新闻工作者学习《中国新闻工作者职业道德准则》等经典性文件,也可以要求他们对一些新出台的规章制度进行认真研究,以此来明确并强化新闻工作者对媒体社会角色的认知。媒体还可以组织宣讲本行业、本单位的先进事迹,以此来激励媒体内部人员遵纪守法、认真工作、增强社会责任感。除此之外,针对媒体内部工作人员素质参差不齐的状况,还要积极引导工作人员开展责任意识的大讨论。讨论不能流于形式,而应该具体到个人,可以针对每个人的特点,开展内部的批评与自我批评,加强责任意识和抗腐能力,使每个新闻工作者都能认识到自身存在的问题并找到较为合理的解决方法,将问题解决在萌芽之中,不给腐败和渎职留有空隙。

其次,要把履行社会责任作为打造主流媒体的无形资产。在市场经济中,品牌、声誉等无形资产对于企业来说是非常宝贵的,是用户在进行产品选择时考虑的主要因素之一。媒体在市场经济的发展中也应该重视这一无形资产的积累,尤其是主流媒体,其自身权威性和公信力较强,因此应该积极地利用自身的优势来传播社会主义核心价值观,更好地履行媒体的社会责任,这既是受众信赖主流媒体的根源所在,也是媒体最宝贵的无形资产。

一系列的引导与无形资产的打造有助于媒体内部良性风气的形成和社会责任文化的构建,以便帮助媒体进一步认清自身角色,在新闻传播的实践中认真履行自身职责,为社会服务,践行媒体的社会责任。

7.1.2　完善媒体的机制管理

我国是社会主义国家,新闻媒体要为国家和人民服务,因此媒体应该对自身有更加严格的要求。针对目前我国媒体内部机制存在疏漏的问题,我们必须加大整改力度,完善媒体内部的问责制、考核制,同时要推动媒体绩效机制和媒体生产、经营的分化改革,以此来促进媒体内部机制的进一步完善。

1)完善媒体行为的问责制与考核制

我国媒体可以在媒体内部建立起完善的问责制,一方面,可以监督媒体工作人员的从业活动,对失范行为予以惩处;另一方面,也可以督促新闻工作者提高自身的社会责任意识,使其在工作中自觉履行媒体社会责任,抵制低俗报道,宣扬社会主义核心价值观,提升新闻传播的质量。

问责制要具有一定的规范性和严苛性,当媒体传播出现问题时,要保证责任追究到人,减少媒体履行社会责任过程中相互推诿、责任落实不到位的问题。对于造成媒体社会责任缺失的工作人员和相关领导,要根据情节的轻重程度给予内部警告和相关处理。此外,问责制中要明确规定个体不当行为的后果,将责任与利益联系起来,加大新闻工作者违法违规的成本,这样自然能够震慑其行为,使其在工作中自觉规避和调整不当环节,防止社会责任缺失问题的出现。而这种评价机制在一定程度上会具有导向性,久而久之,就有可能将震慑内化为个体自愿,从而使新闻工作者自觉履行社会责任,进行客观平衡的报道。

除问责制之外,我国媒体还应该建立起社会责任状况的考核机制。作为内部监督体系的重要组成部分,媒体社会责任状况考核机制是专门针对媒体传播行为和内容中的社会责任状况进行评估的,其目标就是通过对媒体活动和媒体行为的评价来淘汰虚假、低俗和无意义的传播,提倡内容、形式创新的高品质传播。通过对传播内容社会责任状况的考核,可以评估节目状况、挖掘节目潜力。对于能够履行社会责任,并且内容和形式优秀的节目,媒体应该给予政策和经济上的大力支持,促进其发展繁荣,以便更好地服务大众,为社会发展传递正能量;而对那些在发展中迷失方向、低级趣味、对受众产生不良影响的节目和内容要毫不留情,督促其尽快整改或坚决停播、停刊,以免误导受众,影响社会的正常秩序和良性发展。

当然,要想使这一考核机制发挥良好的效果,首先要保证机制的科学有效性,这就需要媒体下大力气去考察、调研,听取专家、群众等各阶层的意见,同时结合本媒体的实际情况,制订出科学有效的评价标准和体系。此外,媒体还要将考核机制动态化,并随着社会发展的新目标和群众需求的新变化,不断调整、改进、完善这一评价机制,保证其科学性、有效性。

2)推动媒体内部绩效机制的改革

由于我国现行媒体体制中存在的弊端,导致现阶段一些媒体中绩效机制存在疏漏。目前,我国许多媒体尤其是传统媒体普遍采用员工聘任制,但其本身又存在事业编制,这就造成了体制内人员与体制外人员之间的区别。在一些媒体中,新闻工作者的收入不是和工作数量、质量挂钩,而是根据体制内和体制外的不同,将媒体工作人员分为三六九等,将收入与身份、等级挂钩,这就导致工作量与收入之间不成正比,"干与不干一个样""干多干少一个样",甚至是"干得少拿得多""干得多拿得少",这让很多新闻工作者丧失了前进的动力和激情,甚至为了增加自身收入而对采访对象"吃拿卡要"、进行"有偿报道",最终成为金钱利益的投机者和社会责任的越轨者。同时,绩效机制上的不平等也可能导致媒体内部拉帮结派、矛盾重重,阻碍了媒体的正常运作和发展。

因此,推动媒体绩效机制的改革,破除媒体内三六九等的人员划分和限制,建立起全新的绩效制度,这对媒体的良性发展和媒体社会责任的履行具有重要的作用。全新的绩效制度应该打破体制内外的界限,在民主平等的前提下任人唯贤,将新闻工作者的收入和工作的"质""量"挂钩,建立起多劳多得的工作激励机制,这将大大激发新闻工作者的工作积极性,同时也为其提高收入寻找到合理、合法的途径,避免有偿新闻等行为失范问题的出现。此外,在全新的绩效机制中可以将新闻工作者的收入与媒体的经济效益和社会效益挂钩,建立起一套完善的评估奖惩机制。这样,新闻工作者就会树立起主人翁意识,在生产、经营、管理等每一个环节更加细致、认真,努力提高媒体产品的质量,收获更多的经济效益和社会效益。

央视《新闻调查》栏目就在中国人民大学相关专家的指导下,建立起一套较为科学的绩效评估体系和风险机制。根据《新闻调查》节目性质,节目组规定参与制作调查性报道的工作人员在评分和稿酬上都要相应提高,并且还会根据节目的难度和对抗性进行相应的加分。此外,针对调查性报道播出难的现实,节目组还规定,凡是完成相关调查报道并且通过了制片人审查验收的,如果节目不能播出,相关工作人员也可以拿到80%的稿酬,这就打消了摄制组制作调查性节目的后顾之忧,大大调动和激发了其工作的积极性。这种良性的绩效评估体系为新闻工作者更好地服务受众、服务社会打下了良好的基础。

3)推动媒体内部生产和经营的分化改革

随着媒体越来越多地参与到市场化的发展中去,我国媒体内部生产和经营相混淆的问题愈演愈烈,已经成为制约媒体良性发展、导致媒体社会责任缺失的重要原因。媒体内部生产和经营混淆是指媒体内部负责内容生产的人员和生产环节受到媒体经营因素的影响而使生产过程产生异化。伴随着市场化程度的提高,媒体越来越注重经济效益,媒体内部生产和经营不分家的状况将可能导致媒体生产过程被经营过程和经济效益所左右,传播的目标成为纯粹的牟取经济利益,一切朝"钱"看。当媒体为了提高经济效益而要求内容生产者去跑广告、拉赞助,当媒体为了提高发行量、收视收听率、点击率而生产出低俗报道、广告软文甚至虚假内容时,媒体就已经放弃了自身的社会责任,沦为一种谋利的工具。

中国新闻工作者职业道德准则中要求新闻工作者不能以新闻报道形式做广告性质的宣传,编辑记者不得从事经营性活动,这为我国推动媒体内部生产和经营分化的改革提供了制度保障。按照此要求规定,媒体生产和经营要实行分离化管理,即媒体产品生产者不再负责广告业务,只负责做好、做精产品,让受众喜闻乐见;而媒体产品经营者不插手媒体产品的内容,只负责推广媒体和产品,赚取广告费用。只有这样才能保证媒体产品生产者不被经济利益所左右,心无旁骛地做好媒体内容,更好地履行媒体责任,而媒体产品经营者也可以更好地面向市场,把自己修炼得更加专业。

当然,媒体生产和经营实行分离管理只是让产品生产者和经营者各司其职,并不是两者之间的彻底分离,毕竟两者都是媒体机构中的一部分,他们相互作用、相互影响,保持着密切的联系。生产者和经营者要协调统一才能更好地促进媒体的经营发展,而媒体的发展进步也是两者协作努力的目标。

要保证各司其职的两部分协调发展而不产生冲突,就必须对媒体进行准确的定位,不论是编辑方针还是经营方针,都要建立在对媒体类型、目标受众等方面准确把握的基础上。只有对媒体定位有了准确的把握和认识,采编方针和经营方针才能协调一致,共同朝着打造有特色优势媒体的目标迈进,在此过程中,媒体的社会责任和经济效益都将得到体现。

7.1.3 加强媒体的人员管理

美国新闻传播学者 J.赫伯特·阿特休尔在《权力的媒介》一书中对媒介工作者的重要作用给予了充分肯定,他指出:"在这个日新月异的社会秩序中,在新闻媒介从事工作的男男女女,包括新闻商人,具有至关重要的作用,因为描绘世界面貌的正是那些人,而世界面貌构成人类抉择行动的基础。"①新闻工作者的新闻传播活动直接关系到人们对世界的判断和社会前进的方向,因此加强媒体的人员管理是保证新闻传播质量的关键性步骤。

1)完善人员的进出机制

人是社会组织中最重要的资源,也是企业发展中能动性最强的要素,在某种程度上,人的素质决定了企业的质量和未来发展。大众传媒在市场经济发展中,人是其中必不可少的要素,媒体的发展和创新都需要依靠人才,但从另外的角度来看,媒体社会责任的缺失在一定程度上是因为新闻工作者的素质不高。因此,媒体必须重视人员素质,对进入媒体工作的人员要实行严格把关。

从人员的进入来看,新闻传媒是一个开放性的行业,人员的学科背景较为复杂。新闻传媒所提供的产品内容往往涉及生活中的各个方面,因此在人员招聘时所涉及的人才类型和学科背景相对较为复杂,不仅需要文史哲以及新闻专业,其招聘更是瞄准了计算机、经济管理、法律、工程技术等多学科的人才,尤其是在信息产业和网络技术发达的现阶段,理工类的学科也成为媒体招聘中的热门专业。不同学科背景的人员加入媒体,确实可以丰富媒体的人才结构,可以为受众提供多角度、专业化的报道,但随之而来的问题是人员素质良莠不齐,管理难度加大。不同学科和专业背景的人员在工作方式、合作方式、工作理念以及工作态度等方面都会存在较为明显的差别,尤其是一些学科的工作人员对媒体工作准则和职业道德等方面的知识知之甚少,这就容易造成其在新闻报道中政治敏感性不强,对事实立场判断不清。针对这些问题,媒体在人员招聘环节要严格把关,对人员素质要有最基本的要求。此外,还要对媒体的专业技术人员进行资格考核,保证人才质量。当然,媒体还要负责对不同学科和知识背景的人员进行道德和责任意识方面的培训和引导,使其认识到新闻传媒行业的特殊性,只有这样,媒体才能把好进口,从源头上加强人员管理。

另一方面,媒体人员的出口也要保证通畅。现阶段媒体人员管理中的难点在于,一些媒体的人员淘汰机制不健全甚至缺失,这就造成其工作人员只能进不能出、只能上不能下的尴尬境地。由于种种原因,媒体对一些不能履行自身职责或道德素质不高的新闻工作者只能继续留用,而这些人就成为媒体履行社

① J.赫伯特·阿特休尔.权力的媒介[M].黄煜,裘志康,译.北京:华夏出版社,1989:337.

会责任过程中的不利因素,他们的失范行为极容易造成媒体社会责任的缺失。因此,要保障出口畅通就必须打破媒体工作人员的岗位终身制,以其工作质量和工作态度决定人员的职务和去留,建立起优胜劣汰的合理机制,这样才能将新闻媒体中职业道德缺失、工作能力不强的人员淘汰出局,保障媒体工作者的整体素质,尽量将媒体社会责任缺失中的人为因素降到最低。

2)加强新闻工作者的修养

针对现阶段一些新闻工作者缺乏专业理念和素养的现状,媒体还必须督促其强化自身的专业主义精神,加强专业学习。因此,新闻工作者必须加强各方面的修养,从思想和能力上为社会主义新闻专业理念的培养打下良好的基础。

首先,新闻工作者要加强自身的政治修养。媒体和政治有着密不可分的关系,从事新闻工作必须培养自身的政治意识与品质。有些人习惯将新闻工作者称为"搞宣传工作的人",这种概括虽然不够准确,但在一定程度上突出了新闻工作涉及意识形态领域的特点。新闻工作关系到对受众的思想引导,因此新闻工作者应该时刻牢记自身的责任,在从事新闻活动时,要以党和人民的利益为先,将国家发展和人民安危看得高于一切。这就要求新闻工作者要加强马克思主义新闻道德观的学习,用马克思主义的世界观、人生观和价值观武装自己的头脑,规范新闻传播活动,时刻谨记自身的政治责任和社会责任,不以新闻牟取私利,时刻以服务人民、服务社会、服务国家为目标。

第二,新闻工作者要加强自身的思想修养。思想修养是指新闻从业者在思想意识与品质上的锻炼与修养①。新闻工作者在思想上应该将新闻工作看作一项崇高的事业,努力去追求事业的发展和前进,而不应该将新闻工作仅仅看作养家糊口的谋生手段。只有树立起崇高的思想修养,新闻工作者才能甘于为新闻事业奉献力量,才能在困难面前勇往直前,将个人私利甚至个人安危抛于脑后。在市场化快速发展的当今社会,受消费主义思潮的影响,人们的物欲越来越强烈,对金钱的过分追求导致社会责任的缺失和理想信念的淡化,这股不良风潮也吹入新闻界,因此,加强新闻工作者的思想道德修养是急切的也是必要的。

第三,新闻工作者应该增强法律修养。法律修养是新闻工作者必须具备的

---

① 郑保卫.新闻理论新编[M].北京:中国人民大学出版社,2007:406.

修养之一,能保证新闻采访、编辑、制作和传播等每一个环节都不越界,在法律允许的范围内开展新闻传播活动。现阶段一些新闻工作者的法律意识还比较淡薄,在新闻报道活动中经常出现违法违规的行为。例如,在报道中无视法律、法规,侵犯采访对象的肖像权、隐私权,在传播中侵犯著作权、名誉权以及舆论监督暴力等,这些报道侵犯了公民和社会组织的合法权益,造成了极为恶劣的社会影响,报道者也受到了法律的追究和制裁。为了更好地为受众服务、对受众负责,新闻工作者必须加强法律修养,认真学习各项法律和规章制度,并将这些知识运用到新闻报道活动中去,在新闻传播活动中严格遵守国家的法律法规,用法律约束自己的行为,避免侵害他人的合法权益。

第四,新闻工作者要加强职业道德修养。新闻工作者和其他任何职业工作者一样,都要遵守职业道德,这就要求新闻工作者在采访报道活动中要将责任意识摆在首位,严防以权谋私、“吃拿卡要”、有偿新闻等不当行为,切实规范新闻传播活动。此外,加强职业道德修养还要求新闻工作者要处理好与服务对象之间的关系。新闻工作者的服务对象是广大受众,加强职业道德修养要求新闻工作者更加自觉地为受众服务,在新闻传播活动中重视受众的需要和利益,将真实、新鲜、健康、有益的内容传递给受众,对受众负责,也对自身负责。

第五,新闻工作者还要加强业务能力修养。新闻工作者被称为“杂家”,应该具备多方面的知识和能力,只有具备了较强的综合素质和能力,才能更好地完成本职工作,履行社会责任。

新闻工作者首先应该具备较强的新闻敏感性,要在纷繁复杂的大千世界中迅速而准确地判断出哪些新闻具有新闻价值、哪些新闻价值大,对新闻价值大的内容要重点报道,满足受众的知情需求。其次,新闻工作者要具备较强的社会交往能力。新闻报道不是在家闭门造车创作出来的,而是需要新闻工作者深入基层和一线进行细致的采访、调查,在这个过程中,与人接触、与人交往是必不可少的环节。顺畅而愉快的沟通交流能够帮助新闻工作者获取更多的素材和细节,对新闻事件进行更深入的了解,在此基础上做出的报道将能够更加真实、全面地反映问题。因此,新闻工作者要戒骄戒躁,学会与不同阶层、不同性格的人打交道、交朋友,切实提高社会交往能力。再次,新闻工作者要具备文字表达能力。新闻传播需要新闻工作者将零散的事件客观、有序地表达出来,这就需要良好的文字表达能力,能够把复杂的事件言简意赅地传递给受众,并将枯燥内容生动化、通俗化,满足受众的求知需求。新闻工作者要不断锤炼自身的文字表达能力,努力形成自身独特的写作风格,为受众所喜闻乐见。最后,新闻工作者还要有强健的体能和勇气。新闻工作是一项高强度的工作,业内一句"把女人当男人使,把男人当牲口使"的玩笑话道出了新闻工作者的艰辛。记者们要随时准备应对各种突发事件和紧急任务,条件越艰苦、越危险的地方越是需要记者深入一线,传递最真实的情况。同时,新闻工作也是一项危险的工作,地震、水灾、战争、瘟疫、暴力犯罪都离不开记者的报道,冲锋在前是对记者体力和勇气的巨大考验,因此,没有良好的身体素质和心理素质就无法成为一个好记者。

近年来,随着科技的进步和新闻事业的飞速发展,对新闻工作者提出了越来越高也越来越多的要求,这就需要新闻工作者不断地充电学习,提升自身的各项素质和修养,满足新闻工作的要求,做一个合格的"杂家",为更好地传播信息和先进文化,促进社会发展和人类文明进步而不懈努力。

7.2　对媒体履行社会责任外部环境的思考

国家治理体系和治理能力现代化是指为了更好地发挥中国特色社会主义制度优势,并把制度优势转化为管理经济社会事务的效能,实现社会事务治理更加制度化、规范化、程序化和民主化,这将大大提升社会的协调程度,不断完善和发展中国特色社会主义国家制度和法律制度。因此,国家治理体系和治理能力现代化将对媒体存在的外部环境产生积极而显著的影响,对媒体更好地履行社会责任的外部环境的思考应该在这一背景下展开。

7.2.1　坚持中国特色社会主义政治发展道路

我国坚持走中国特色社会主义政治发展道路,是推进中国特色社会主义事业的内在要求。我们党是最广大人民利益的忠实代表,以全心全意为人民服务为根本宗旨,新闻舆论工作是党的事业的重要组成部分,主流媒体要旗帜鲜明地宣传好党的声音,成为主阵地、主渠道、主力军。党管媒体是党在长期实践中形成的根本原则,是中国特色社会主义制度的重要方面,充分体现了中国共产党的政治优势,充分体现了中国特色社会主义的制度优势。我们党以全心全意为人民服务为根本宗旨,是最广大人民利益的忠实代表,把党的方针政策宣传好,把人民的期盼要求报道好,维护好党和人民的利益,切实提高媒体的传播力、公信力和影响力,增强舆论引导的及时性、针对性和实效性。

我国各级党委和政府是媒体的管理者,他们与媒体在本质目标上具有一致性,是最广大人民利益的忠实代表。长期以来,我国党和政府对媒体的宣传功能较为重视,即媒体是党和人民的喉舌,这使得媒体的舆论引导、文化传承等方面的社会责任受到了重视,而其信息传播、舆论监督等方面的责任则较为弱化,这就造成了媒体某些社会责任的部分缺失。此外,党和政府必须为媒体的发展提供良性的环境和完善的制度保障,在国家治理体系和治理能力现代化背景下,党和政府应该促进政务的公开性、透明化、法制化,以保证媒体监督活动的顺利开展和有序进行。

1)促进政府信息公开

在国家治理体系和治理能力现代化背景下,媒体更好地履行社会责任的重要前提是不断完善和巩固党的领导和社会主义制度,建设中国特色社会主义民主政治,实现国家各项工作法治化,保障公民合法权益,推进社会主义民主政治制度化、规范化、程序化,为党和国家长治久安提供政治和法律制度保障。

政府信息公开对政府的健康、有序运行具有重要的作用。世界上对政府信息公开早有先例,早在 1776 年瑞典就制定了关于出版自由的宪法法律,开"信息公开法"之先河。从 20 世纪后半叶开始,世界多国纷纷制定并出台相关法律条款,对政府信息公开行为进行规范和管理,联合国也审议通过了保护信息自由的一系列条款。

政府信息公开是这些年我国政治体制改革的重点内容之一。为了保证公民依法获取政府信息、促进政府依法行政,我国早在 2008 年 5 月 1 日就正式实施《中华人民共和国政府信息公开条例》,其中就规定了"政府信息"的含义:行政机关在履行职责过程中制作或者获取的,以一定形式记录、保存的信息。行政机关公开政府信息,应当遵循公正、公平、便民的原则。

作为政府和民众沟通的重要桥梁,媒体应该切实起到"上传下达"的作用,将政府公开的信息及时、准确地传递给受众,并对事件进行正确、积极的舆论引导,帮助受众认识政府信息与自身的联系、对自身的影响,对政府公开信息进行全面的理解。如果政府通报信息不及时、不准确,受众就会选择从其他渠道获取信息,这就导致了当地人心不稳、谣言四起。由此我们可以看出,政府信息不公开、不透明可能会导致媒体报道的失语。作为社会雷达,媒体无法传递准确信息将导致其在关键时刻无法履行自身的社会责任,而媒体社会责任的缺失将使公众受到流言蜚语、小道传闻的影响,最终导致人心动荡和社会混乱。

当然,媒体履行社会责任的前提和基础是其拥有相应的自主权利,在许多情况下,媒体需要比一般公民、法人和其他组织更早更多地获取政府信息,这就需要有相应的法律制度保障媒体对政府信息的接近权。尤其是在一些突发事件中,媒体要担当公共危机中的社会责任,要有效地引导社会舆论、疏解民众情绪,这就要求媒体必须最大限度地了解事实、接近真相,拥有传播突发事件的自主空间和权利。因此,在国家治理体制和治理能力现代化背景下,不断完善和巩固党的领导和社会主义制度,建设中国特色社会主义民主政治,实现国家各项工作法治化,保障公民合法权益,推进社会主义民主政治制度化、规范化、程序化,可以促进政府信息及时有效地公开,对政府的健康、有序运行具有重要的作用。

2）加强对媒体的法律监管

我国是一个社会主义法治社会,实行依法治国。各行各业都要按照相关法律的规定开展活动,尤其是在国家治理体系和治理能力现代化背景下,依法治国、依法执政、依法行政将成为社会良性发展的基础。

近年来,我国新闻工作者的法制观念、遵守法律意识、思想政治素质显著增强,职业道德水平逐步提高。我国一些地方也根据实际情况制定出针对舆论监督和受众知晓权的一系列法律法规。例如,在第八届全国人民代表大会常务委员会第四次会议中通过的《中华人民共和国消费者权益保护法》的第六条规定,"大众传播媒介应当做好维护消费者合法权益的宣传,对损害消费者合法权益的行为进行舆论监督"。这是我国第一次以法律条文的形式正式确认了"舆论监督"这一概念,具有重大意义。从2003年"非典"事件后,我国的新闻发言人制度已经建立起来,这是政府信息公开及尊重受众知晓权的积极表现。此外,我国一些地方政府也制定了一系列规范新闻活动的法律法规,如珠海制定了

《新闻舆论监督办法》、海南发布了《关于舆论监督工作的暂行规定》、济南制定了《突发事件新闻宣传应急处置预案》等，这些地方性法律法规的制定都为我国新闻事业的发展打下了坚实的基础。

7.2.2 理顺媒体经济运行机制

随着我国经济市场化的快速发展，媒体的无序竞争以及由此造成的媒体社会责任缺失等问题越来越多地引起了人们的关注，无序竞争的根本原因是对利益的过分追逐，因此要解决现阶段我国媒体社会责任缺失的问题，首先要理顺媒体经济命脉，确保媒体的经济来源。在国家治理现代化背景下，媒体的经济活力进一步释放，这就要求媒体必须深化体制改革，建立起促进媒体发展的科学而有效的经济运行机制，这已经成为媒体发展中迫在眉睫的任务。

1）媒体"事业"属性、"企业"属性有机统一

我国部分媒体实行的是"事业性质，企业经营"的管理模式，这就要求媒体既要成为党和人民的喉舌，承担新闻宣传的职能，又要在市场化经济的发展中自主经营、自负盈亏。虽然从本质上来说，事业性质和企业经营都要以为受众服务为前提，两者并不相互排斥，但在市场经济环境下，随着新闻媒体行业越来越多地涉及经济领域，媒体经济异化和受众需求的多样性都导致"事业性质，企业经营"的管理模式在实际运行和操作中出现一些矛盾，阻碍了国家治理体系和治理能力现代化背景下媒体的进一步快速、健康发展。要解决这一问题，必须处理好"事业"和"企业"的关系，推动媒体管理体制改革。

随着我国市场经济发展的不断完善和新闻受众群体的逐步稳定，新闻媒体在市场经济环境下将获得长远发展，新闻产业管理的作用将得到更大重视。我国是社会主义国家，新闻媒体的政治属性决定了我国新闻事业的使命和担当，而经济创收的角色定位又要求其为了生存和发展要追逐利润。这就要求新闻媒体要正确认识这两重属性，既要对立又要统一，形成相互制约、相互促进的辩证关系。即在把党的方针政策宣传好，把人民的期盼要求报道好，维护好党和人民的利益，切实提高媒体的传播力、公信力和影响力的基础上去追求最大经济利润。

新闻媒体产业必须始终表现社会主义意识形态的内容，在这一点上是没有

商量的余地,必须符合社会主义国家制度的要求,如影视作品、网络信息、广告画面等绝对不能冲破意识形态的限制去一味迎合受众的需要,媒体产业属性的体现和发挥必须被限制在政治属性或意识形态属性的框架之内。

2)推动传媒集团化改革

传媒集团化是指按照市场经济的规律,通过资本运作扩张传媒,整合有限的媒体资源,实行媒体间的集团联合。集团化建设可以利用集团形成后的整体资源和优势,在统一的组织框架和经营管理下,统一规划战略经营,这样可以大大增强媒体的整体实力,其市场竞争力也将大大增强,同时还可以更快、更好地进行新闻报道,有利于媒体履行社会责任,更好地为受众服务。国外媒体早已开始集团化发展,新闻集团、纽约时报集团等一些大的传媒集团的成功运作为我国传媒集团化发展提供了很好的范例。

我国早在1996年就建立起广州日报报业集团,近些年我国传媒集团化建设迅猛推进,报业集团、广电影视集团、出版集团等各类传媒集团相继组建起来。经过十几年的发展,我国传媒集团化建设已经取得长足进步,也确实缓解了传媒两重属性的矛盾,在传媒集团建设和发展过程中也存在不少的问题。例如,部分传媒集团组建后集团的产品结构、产业布局等存在不合理的因素,集团内部"貌合神离",不能有效地实现资源的优化配置,集团化优势也得不到充分发挥,使得传媒集团"有名无实"。这就要求管理部门不断完善后续的配套政策,使得传媒集团内部不断优化配置,调整产业方向,主动适应市场经济的发展。一方面,政府"抓大放小",通过控制传媒集团宏观调控整个传媒领域,使得繁杂的管理工作简单化。另一方面,对于已成立的传媒集团可以享受一些国家给予的经济优惠政策,使其在适应社会主义市场经济上有一定的过渡期,确保传媒集团平稳顺利过渡到市场经济运作方式。提高我国传媒产业的整体竞争力,让传媒集团更好地履行社会责任、为受众服务,同时在国际传媒竞争中立于不败之地,真正实现并达到"双赢"的目的。

7.2.3 加强来自外部的监督

从文化和技术的角度来看,我国多元文化发展以及日益进步的技术都对媒体履行社会责任产生了重要的影响。但对于文化和技术因素一般不能以硬性的指标去考察和规范,因此笔者建议可以通过一定的外部监督引导来解决文化和技术发展中存在的问题,使其在与媒体履行社会责任的相互作用中发挥积极的作用。

1)加强党和政府对媒体的监督

近年来,我国在加强媒体监督方面取得了长足的发展,表现在各级政府对媒体舆论监督日益重视,主动作为,出台了一系列加强媒体监督的规章制度。更重要的是通过发挥媒体的监督作用,大量违法乱纪案件得以及时揭露,并在社会上产生强大的舆论力量,促成法纪部门对这些案件进行查处,有力地维护了社会主义法治的权威,保障了人民的合法权益和社会的公平正义。在媒体监督建设取得上述成效的同时,也存在一些问题,如媒体监督介入困难,监督范围有限,监督影响力不大等。

我国正处于社会转型期,各种利益相互交织,各项制度还没有完善健全,存在着许多无法避免的冲突,政府要规范和引导媒体行为,应该结合我国社会主义国情和特色,建立起适合我国社会发展和受众需求的媒体监督机构。

为探索解决媒体特别是网络媒体存在的突出问题,2014年我国已经在15个省市试点组建了新闻道德委员会,针对有偿新闻、新闻敲诈、虚假报道、低俗之风、不良广告等媒体社会责任缺失的突出问题进行督查,并取得了一定的成效。但从披露的章程来看,其职能定位并不是十分明确,因此党和政府可以以此为基础,建立起职能定位更加具体的媒体监督机构。这一机构主要针对媒体的运作和管理,监督范围更加细节化和具体化,可以邀请传媒业界和学界的专家、法律专家和社会各界代表参与进来,监督媒体的行为并接受对媒体失范行为的投诉,进行客观、公正的监督和处理。除此之外,该机构更可以不定期地主动审查媒体活动,对各类媒体社会责任缺失的问题进行通报批评,对屡教不改者更是要向受众和广告客户通报信息,并通过政府相关部门对其进行处罚。

总之,建立起由党和政府牵头领导的更细化、更具体的监督部门,并制定科学合理的监督条例,这样才能使自上监督的体系更加完善、运行更加有效,才能督促媒体更好地履行社会责任。

2)加强来自受众的监督

媒体是面向受众进行传播、为受众服务的,自然应该接受受众的监督。尤其是在后工业化的现代社会,人们的生活越来越离不开新闻传媒,人们已经浸润在传媒营造的媒介环境之中。正如世界著名未来学家和思想家阿尔文·托夫勒所说:"文化技能不可能仅仅来自教科书或培训班。具备这些文化技能的一个前提条件是,要熟悉自己所住街道以外的世界是如何运作的。这类知识日益来自传媒环境。"①随着媒体在人们生活中的重要性日益增强,来自受众的监督将会成为监督媒体的主要力量之一。

加强来自受众监督的前提条件是要提升受众的媒介素养。媒介素养体现了受众对媒体传播所做出的回应,"是公众使用、分析、评价和创造媒介内容的能力"②。在信息时代,媒介素养是受众的基本能力之一。因此,要提升受众的媒介素养就必须加强受众的媒介素养教育。通过媒介素养教育,受众才能了解媒介的语言和特性,看透媒介传播的本质,思考媒介传播的意义和价值,对媒介传播的内容进行更加理性、客观的选择而不去盲目采信。在此基础上,受众通过客观评价公开表达自己的意见,对媒体传播内容和活动进行评判监督,督促媒体改进传播质量,提升社会文化品位。随着受众判断能力的建立和思辨能力的增强,他们可以用更加符合社会主流价值观的文化和道德标准对媒体传播的内容进行价值判断,从而使受众监督成为一种不可忽视的力量。

另外,加强受众监督还要培养受众的监督意识。长期以来,我国受众对自身和媒体之间的关系没有清晰的定位和准确的认识,媒体手握党和政府授予的"尚方宝剑",似乎永远高高在上,而对于媒体的传播,很多人认为只能选择全盘接受。因此,要让受众监督媒体,就要摆正媒体和受众之间的关系。受众是媒介传播的接受者和消费者,要让受众意识到媒体为其服务的本质,这样受众才可能对媒体传播的内容"评头论足",培养起监督意识。在此基础上,受众才能对媒体的发展提出意见和看法,并积极地督促媒体加以改进。

除此之外,还应该建立起较为完善的受众监督机制。受众对媒体中存在的问题进行反映和投诉,相关部门要保证能够及时受理、及时解决、及时反馈,确保受众的监督不落空,这样才能极大地激发受众监督媒体的热情。同时,还要保护监督人的人身和财产安全,建立起相应的保密机制,确保监督人不会因为

① 阿尔文·托夫勒.力量转移:临近 21 世纪时的知识、财富和暴力[M].刘炳章,卢佩文,张今,等译.北京:新华出版社,1996:403.
② 陆晔,等.媒介素养:理念、认知、参与[M].北京:经济科学出版社,2010:1.

履行监督职能而受到打击报复,这是受众监督的基础条件,是使受众监督成为一种长效监督机制而发挥作用的前提。

3)加强独立机构的监督

随着市场经济中媒体的迅速发展,对媒体的监督也应该变得更加多元化,除了来自政府和受众的监督,我国还应该尽快建立起较为专业且独立性较强的第三方媒体社会责任评价和监督机构。

现阶段,我国相关的行业协会、专业刊物以及大学和研究机构等往往担负起媒体批评的职责,因此我国建立的独立媒体监督机构应该邀请这些机构和组织中的一些专家学者参与其中,他们的评价和监督将更具有专业性和前瞻性。当然,独立监督机构成员的组成应该是一个更广泛的范围,除了这些专家学者之外,应该有更多的相关独立人士参与。此外,这一独立监督机构还应该根据《中国新闻工作者职业道德准则》制定一套公开、合理的监督标准和规范,规范应该具有可操作性,保证监督活动的有效性。

任何监督机制都会存在缺陷,实践证明,国内外的独立机构在监督媒体的过程中往往存在这样或那样的问题,因此我国在媒体独立监督机构的形成和规范的制定中,一定要结合我国实际情况,力求制度的完善性,这样才能将监督的正面效应发挥到最大,以保证来自独立机构的监督成为督促媒体履行社会责任的有效手段。

7.3 小结

党的十八届三中全会提出了"推进国家治理体系和治理能力现代化",这一提法意味着社会法制能力的增强,这对于参与到市场经济发展之中的媒体来说也是一次活力释放和制度规范的有效时机,媒体发展的趋向和轨迹也必然受到国家治理现代化政策的影响。因此,对媒体更好地履行社会责任的思考应该放在国家治理现代化的背景下,寻求督促媒体履行社会责任的有效途径。针对前文中媒体社会责任缺失的内部原因和媒体履行社会责任的外部制约因素,本章将结合我国实际情况对媒体如何更好地履行社会责任进行探讨。

国家治理体系和治理能力现代化必须坚持党的领导,坚持和完善中国特色社会主义制度,更加注重各方的积极性、参与性,充分调动全社会各方面的力量,共同实现现代化、实现社会的和谐与进步。充分发挥媒体作用,推动经济社会发展,不断完善落实新闻运营管理制度,积极探索完善新闻媒体现代化发展机制和治理机制。因此,在国家治理体系和治理能力现代化背景下,媒体发展需要更多的自律。这就要求媒体必须从自身做起,保证媒体内部的规范性和协调性,为媒体更好地履行社会责任打下基础。笔者对媒体更好地履行社会责任的内部环境的思考主要是从重视媒体的战略管理、完善媒体的机制管理和加强媒体的人员管理三个方面展开。

首先,媒体应该重视自身的战略目标管理,找到自身的核心竞争力,以便更加积极地参与到市场竞争之中;媒体还应该打造自身的社会责任文化,大力倡导并构建起媒体的道德规范,把履行社会责任作为主流媒体的无形资产,这样才能促进媒体健康有序地发展。

其次,针对目前我国媒体机制管理中存在的疏漏,我们必须加大整改力度,完善媒体内部的问责制与考核制,还要推动媒体绩效机制以及媒体生产、经营的分化改革,以此来促进媒体内部机制的进一步完善。

第三,加强媒体的人员管理是保证新闻传播质量的关键性步骤。首先要完善媒体人员的进出机制,对进入媒体工作的人员要实行严格把关,同时打破媒体工作人员的岗位终身制,建立起优胜劣汰的合理机制。针对新闻工作者专业主义理念缺失的现状,媒体还必须督促其强化自身修养,努力做一个合格的"杂家"。

国家治理现代化有助于实现各项事务治理的制度化和程序化,这将大大提升社会的协调程度,社会文明和法制程度将进一步加强。因此,国家治理现代化的实施将对媒体存在的外部环境产生积极显著的影响,对媒体更好地履行社会责任的外部环境的思考应该在这一背景下展开,笔者主要是从坚持中国特色社会主义政治道路、理顺媒体经济运行机制以及加强来自外部的监督三个方面对此进行论述。

首先,我国党和政府与媒体有着密切的关联性,他们是媒体的管理者,并且与媒体在本质目标上具有一致性,但在现实互动中他们又难免会出现偏差。这就需要党和政府不断促进信息公开,规范和保护媒体的活动,促进媒体活动的顺利开展和有序进行。

　　其次,要解决现阶段我国媒体社会责任缺失的问题就必须理顺媒体经济命脉,确保媒体的经济来源。这就要求我国媒体要推动"事业""企业"分离的体制改革以及推动传媒集团化建设,建立起促进媒体发展的科学而有活力的经济运行机制。

　　第三,对文化和技术因素一般不能以硬性的指标去考察和规范,对此笔者建议可以通过加强党和政府对媒体的监督、加强来自受众的监督以及加强独立机构的监督等方式解决文化和技术发展中存在的问题,使其在和媒体履行社会责任的相互作用中发挥积极作用。

8 结 论

　　媒介生态与大众传媒之间有着密切的联系，这种联系不仅体现在媒体的创新和发展中，更是体现在媒体履行社会责任的过程中。可以说，媒介生态与媒体履行社会责任两者是密不可分的，这不仅表现为两种理论之间的关联，更表现在媒介生态中各种因素与媒体社会责任担当之间的联系。

　　媒体的社会责任从本质上来说是媒体必须履行的一种义务，义务与权利是相辅相成的，既然要求媒体承担社会责任，那就应该赋予媒体相应的权利，这是保证媒体履行义务，即承担社会责任的基础和前提。在社会实践中，媒体依法享有的采访自由、传播自由、出版自由等都是媒体履行社会责任的基础，是与媒体履行社会责任相对应存在的权利。但在现实社会中，媒体这些权利的发挥还受到各种因素的制约，甚至因此而出现行为的失范。那我们应该如何去寻找这些因素？这就要求我们必须关注媒介生态系统，以媒介生态的视角去探究影响新闻自由权利的各种因素，而这些因素就是造成媒体社会责任缺失的主要原因。媒介生态与媒体社会责任之间的这种密切关系也正是两种理论之间的关联之处。

　　媒介生态系统是一个受多种因素影响和制约的复杂开放型系统结构，这一结构随着内外部各种因素的变动而不断调整自我，力求达到相对平衡的状态，我们应该用和谐的视角来认识媒介生态，并且以追求媒介的和谐发展为最终目标。作为社会的"守望者"，媒体所履行的责任也必然要与动态的媒介生态相契合，媒体自觉承担起举旗帜、聚民心、育新人、兴文化、展形象的责任使命，守住守好意识形态领域阵地，真正担负起传播者、记录者、推动者、守望者的角色。切实提升新闻舆论工作的传播力、引导力、影响力、公信力，逐步形成与新时代中国特色社会主义相适应的新闻品格和新闻力量，推动新闻舆论工作逐步实现与中华民族伟大复兴同步进行，成为党领导人民实现伟大梦想的得力帮手。由此可见,媒介生态与媒体社会责任的根本目标都是追求中华民族伟大复兴,两者有着密切的关联性,因此,以媒介生态的视角对媒体履行社会责任进行研究也要讲求一种相对平衡的关系。可以说,媒介生态的状况与媒体的社会责任担当关系密切,在很大程度上决定了媒体是否能够履行社会责任,履行社会责任的状况如何,而媒体社会责任的履行状况又反作用于媒介生态,对整个媒介生态的平衡产生影响。据此我们必须要考察媒介生态中政治、经济、文化和技术等要素,它们与媒体社会责任担当之间相互作用和博弈,这也直接决定了媒介生态与媒体社会责任担当之间的关系。

从政治生态因素来看,媒体社会责任理论的诞生与当时西方社会的政治有着密切的关系,甚至可以说是当时的政治压力直接推动了社会责任理论的诞生。我国作为社会主义国家,人民群众当家作主,媒体应该树立起群众观,更多地代表并维护人民的观点和利益,这是其应尽的社会责任。此外,媒体是否履行社会责任也会对政治产生反作用,这种反作用主要体现在媒体对政治体制、政府组织的舆论监督方面。

从经济生态因素来看,它与媒体的发展有着密切的联系,每一家媒体要想规律地循环运作,必须有维持其运作的资金。我国媒体随着我国经济体制的转型也在逐步进行调整,这种调整的状况和结果将直接影响媒体履行社会责任的状况。而经济生态环境与媒体履行社会责任之间的关联并不是单向度的,媒体是否承担社会责任也会对经济的发展产生影响:负责任的媒体能够依据事实进行真实、客观并且完整的报道,能够对经济发展中出现的问题或倾向及时作出预警,还能为社会传递优秀文化和正能量,这些都为经济的进一步快速、健康发展奠定了良好的基础。

从文化生态因素来看,大众传媒为文化的交流、传播、融合提供了广阔的空间和主流的渠道,而媒介在传播文化的过程中也在不断地和文化产生融合。随着全球化的发展和改革开放的深入,我国文化由过去单一、封闭且较为稳定的一元文化转变为多样、开放且变动性强的多元文化,媒体在传播多元文化的过程中所担当的社会责任将更加重大。媒体在面对外来文化时应该求同存异,激浊扬清,加强文化之间的沟通和交流,切忌跟风而上传播低俗内容,让受众用更加包容的心态对待外来文化的同时,也让其认清糟粕文化的危害性。在我国多元文化的传播中,媒体要注意各民族、各地域、各类型、各阶层文化之间的联系和沟通,要形成"和而不同"的发展局面,最终促进中华民族先进、和谐文化的发展和社会的进步。

从技术生态因素来看,科学技术对新闻传播的产生和发展具有重要的影响,技术的进步不仅促进了新的媒介形态的产生,更带来了新的报道方式,可以说,技术的进步可以使媒体更好地接近事实、表现事实,挖掘新闻背后的新闻,这就为媒体更好地履行社会责任打下了坚实的基础,但媒体是否能对技术善加利用,直接决定了其履行社会责任的状况。

由此可见,媒介生态中的政治、经济、文化、技术等因素都与媒体社会责任担当有着密切关系,甚至可以说这在一定程度上直接决定了媒体能否履行社会责任。基于两者之间这种密切的关系,我国媒体履行社会责任的状况必然受到现阶段媒介生态的影响。随着我国社会向媒介化社会转型,政治、经济、文化、技术等媒介生态因素都在急剧变革,总体来看,现阶段我国媒介生态的特征主要包含以下几个方面:从政治生态来看,国家治理体系和治理能力现代化必须坚持党的领导,坚持和完善中国特色社会主义制度,更加注重各方的积极性、参与性,充分调动全社会各方面的力量,共同实现现代化、实现社会的和谐与进步。充分发挥媒体作用,推动经济社会发展,不断完善落实新闻运营管理制度,积极探索完善新闻媒体现代化发展机制和治理机制。从经济生态来看,市场经济深化发展中媒介的产业属性进一步彰显,媒介组织在市场经济尤其是网络经济的发展中展开激烈的竞争,并开展了多种形式的市场化发展。从文化生态来看,我国文化呈现出多元化的发展态势,在与多元文化相互作用的过程中,媒体也发展出多元化的生产方式,而多元的生产方式之间也会产生冲突和不协调,这就对我国媒体履行社会责任提出了更高的要求。从技术生态来看,技术因素与社会发展之间的关系和作用可以说是甚为密切的,随着新媒介时代的来临,中国媒体进入一个全新的发展阶段,新技术既为媒体发展带来了机遇,也带来了挑战。

在现阶段媒介生态环境下,媒体在社会中发挥着更为重要的作用,其肩负的社会责任也越发重大:我国媒体要忠实地服务于受众,要监督公权守望社会,还应该维护社会的公序良俗,这是新的媒介生态环境下媒体必须履行的社会责任。

在人的个体和主观能动性越来越受到重视的今天,忠实地服务于受众要求媒体满足受众的多样化需求。而随着消费时代的到来,受众的需求呈现出浅表化、娱乐化的特征,媒体也呈现出娱乐化传播的倾向,但是消费文化传播并不意味着泛娱乐化、泛浅表化,因此媒体在服务受众的同时应该坚持原则、坚守底线,这才是对受众真正的忠实。此外,媒体在传播中要尽量将拟态环境失真的程度降到最低,以最接近现实环境的报道为受众的判断提供客观依据,帮助受众更加合理、客观地认识世界。

公众的舆论监督主要是通过新闻媒体来展开的,在新的媒介生态环境下,媒体舆论监督的功能越来越受到重视,正在成为现阶段媒体必须履行的社会责任之一。我国媒体在监督公权的过程中讲求建设性,一方面,媒体应该提供一个公共的平台,用于对公共权力进行监督;另一方面,媒体还应该进行议程设置,对公共权力起到警示作用,将一些违法乱纪行为消灭在萌芽之中。

我国社会现在正处于转型时期,社会中一些不良现象以及不理性不和谐的声音时有出现,此时处在意识形态领域前沿的新闻媒体就必须肩负起维护社会公序良俗,构建和谐社会的重要使命。媒体要保证各阶层表达渠道的畅通,还要善于用理性、客观的意见引导公众的心智,此外媒体还应该及时预警社会问题,尽量将事件的负面影响降到最低。

但是,在媒介市场快速发展的今天,大众传媒受到多种因素的影响和制约,并没有很好地承担起自身的职责。通过梳理发现,现阶段我国媒体社会责任缺失的问题主要体现在媒体为受众服务中的信息缺位、媒体舆论监督中的行为失范以及媒体维护公序良俗中的传播错位三个方面。种种媒体社会责任缺失的问题不仅消解了媒体的公信力,更严重影响了社会的正常生产、生活,污染了社会文化风气,成为社会良性发展中亟待解决的问题。

法国社会学家皮埃尔·布尔迪厄认为,整个社会处于相互勾连的网络之中,因而身处其中的媒体也必然受到社会场域之中各种因素的影响和制约,这也是影响媒体社会责任担当的重要因素。笔者从媒介生态的视阈出发,从媒介内部战略管理、人员管理和机制管理三个方面寻找媒体社会责任缺失的原因,从媒介外部的政治环境、经济环境、文化环境和技术环境四个方面寻找媒体履行社会责任的制约因素。

从媒介内部媒体战略管理的角度来看,媒体要实现自身的社会角色,在很大程度上取决于媒体战略管理的策略与方法,而目前我国的媒体战略管理相对落后,对媒体战略与媒体角色的关系认知还较为模糊,这就造成了我国一些媒体在市场经济的浪潮中迷失了自我,最终导致媒体角色的错位。除此之外,媒介的战略经营要求大众传媒形成自身的核心竞争力,这是媒体更好地服务受众的基础,而缺乏核心竞争力将引发媒体间的同质化竞争,造成媒体资源的浪费。

从媒体人员管理的角度来看,新闻工作者是媒体人员管理的主要对象,这些人受教育的程度较高,但人员的流动性较强。他们经常性地随着栏目或节目的变化而变换工作岗位和工作内容,处于传播链条的第一个环节,直接决定着传播的内容和质量。现阶段一些媒体对人员管理过于疏松,以致一些新闻工作者新闻专业主义理念缺失,导致其在经济利益中的迷失。此外,由于媒体缺乏相关的引导,一些新闻工作者还出现"主我"与"客我"的失衡,这就造成其将主观偏见带入报道,也成为影响媒体履行社会责任的重要因素。

从媒体机制管理的角度来看,媒体的内部机制是确保媒体良性运作的基本规则,对媒体机制进行管理是媒体参与市场竞争的前提。现阶段媒体管理机制的不健全造成其内部管理不严,一些媒体把关责任缺失,对媒体运行中的不当行为不能及时发现并予以规范和纠正。还有一些媒体内部的考评机制不合理,他们以发稿量、收视率和点击量作为评判新闻工作者工作质量的唯一标准,这就极容易使媒体工作产生偏向,造成新闻工作者无原则地抢发新闻、抢夺受众和广告资源,降低了媒体传播的质量。

从媒介外部政治环境的角度考察,现阶段能够约束媒体活动和行为的除了国家层面的法律法规,新闻行业也相继出台了相应的规章制度。随着网络媒体时代的到来,任何人只要有网络就可以在自媒体的空间内接收信息并发表对事情的看法,任何人只要有网络和网络工具就可以实现自媒体时代的言论自由,现有法律法规对网络媒体从业者的针对性不强,约束力不够,责任界定不够清晰,造成了对自媒体监管滞后的现状,这对网络媒体社会责任的履行和惩处都极为不利。

从经济环境的角度考察,媒体生产的专业化与商业化在市场经济的大潮中不断博弈,过分商业化将导致媒体公共性的消解。过分商业化浸染了媒体及其工作者,造成其以经济利益为先,降低了自身的品格,放弃了媒体的社会责任。过分商业化还导致低俗文化的出现,降低了国民素质,是媒体发展中亟待解决的问题。

　　从文化环境的角度考察,多元文化与媒体履行社会责任相互影响、相互作用。媒体是多元文化传播的主要渠道,为文化的交流、传播、融合提供了广阔的空间。而低俗、不良和非主流价值观的传播会造成社会文化的混乱和迷失,这会对受众产生负面影响,造成受众的低俗需求,进一步加剧了媒体对不良文化的传播,形成一种恶性循环。因此,媒体一定要切实承担起社会责任,促使社会文化与媒体社会责任之间形成良性循环的态势。

　　从技术环境的角度考察,技术进步既带来了机遇也带来了挑战。一方面,技术的进步有利于媒体近距离地接近事实、透视本质,更好地承担起社会责任;另一方面,技术的进步可能会造成记者"闭门造车"做新闻、利用偷拍等手段侵犯报道对象权利、网络舆论暴力等负面问题。只有对技术善加利用,才能让媒体和社会朝着更加良性的方面发展。

　　随着社会的发展,互联网已经成为人们生产和生活中不可或缺的重要技术要素。在即将到来的 Web 3.0 阶段,元宇宙代表了人类未来生活的主要方式。从经济生态来看,近年来元宇宙的概念在资本圈炙手可热,正是经济的不断发展为元宇宙技术的开发和拓展提供了基础,未来元宇宙经济的发展将在游戏、虚拟数字人、文化旅游、医疗、工业等多个方面大展拳脚。从技术生态来看,未来元宇宙的发展将充满无限的可能,扩展现实技术是实现视听行业"虚实场景转化"的重要路径,数字孪生技术是视听行业服务数字社会的基础支撑,而区块链技术是完善视听行业商业模式的关键依托。从文化生态来看,元宇宙对文化的影响必然是长久而深远的,一方面元宇宙加速了文化的流动,另一方面元宇宙则异化传统文化。

　　元宇宙设定了未来媒介发展的方向,但是我们还要清醒地认识到元宇宙的发展处于初级阶段的事实,未来前进之路任重道远。从目前来看,数字社会的发展有待进步,基础技术也并不成熟,一系列与元宇宙发展相关的规则和协议还相对空白,这些都是未来发展过程中亟待解决的问题。

　　党的十八届三中全会提出了"推进国家治理体系和治理能力现代化",这一提法意味着政府的放权,意味着社会法制能力的增强,这对于参与到市场经济发展之中的媒体也是一次活力释放和制度规范的有效时机,对媒体更好地履行社会责任的思考也应该放在国家治理现代化的背景下,寻求督促媒体履行社会责任的有效途径。基于对媒体社会责任缺失的内部原因的探讨,笔者对媒体履行社会责任的内部环境的思考主要是从重视媒体的战略管理、完善媒体的机制管理、加强媒体的人员管理三个方面展开。

首先,媒体应该重视自身的战略目标管理,找到自身的核心竞争力,以便更加积极地参与到市场竞争之中;媒体还应该打造自身的社会责任文化,大力倡导并构建起媒体的道德规范,把履行社会责任作为主流媒体的无形资产,这样才能促进媒体健康有序地发展。其次,针对目前我国媒体机制管理中存在的疏漏,我们必须加大整改力度,完善媒体内部的问责制与考核制,推动媒体绩效机制以及媒体生产、经营的分化改革,以此来促进媒体内部机制的进一步完善。第三,加强媒体的人员管理是保证新闻传播质量的关键性步骤。首先要完善媒体人员的进出机制,对进入媒体工作的人员要实行严格把关,同时打破媒体工作人员的岗位终身制,建立起优胜劣汰的合理机制。针对新闻工作者专业主义理念缺失的现状,媒体必须督促其强化自身的修养,努力做一个合格的"杂家"。

媒体履行社会责任的外部环境的思考主要是从坚持中国特色社会主义政治道路、理顺媒体经济运行机制以及加强来自外部的监督三个方面展开论述。

首先,在国家治理体系和治理能力现代化背景下,媒体更好地履行社会责任的重要前提就是坚持中国特色社会主义政治道路,不断完善和巩固党的领导,建设有中国特色社会主义民主政治,实现国家各项工作法治化,保障公民合法权益,推进社会主义民主政治制度化、规范化、程序化,为党和国家长治久安提供政治和法律制度保障。其次,随着我国市场经济发展的不断完善和新闻受众群体的逐步稳定,新闻媒体在市场经济环境下将获得长远发展,新闻产业管理的作用将得到更多重视。新闻媒体要把党的方针政策宣传好,把人民的期盼要求报道好,在维护好党和人民的利益,切实提高媒体的传播力、公信力和影响力的基础上去追求最大经济利润。建立传媒集团,提高我国传媒产业的整体竞争力,让传媒集团更好地履行社会责任、为受众服务,同时在国际传媒竞争中立于不败之地,真正实现并达到双赢的目的。第三,对文化和技术因素一般不能以硬性的指标去考察和规范,而是可以通过加强党和政府对媒体的监督、加强来自受众的监督以及加强独立机构的监督等方式来解决文化和技术发展中存在的问题,使他们在与媒体履行社会责任的相互作用中发挥积极的效果。

总之,媒体对国家发展和社会进步将产生重要的影响,也必须承担起相应的社会责任。本书的研究有助于我们认识并把握媒体履行社会责任的影响因素,努力促进客观平衡的报道机制的形成,这对我国媒体良性发展具有一定的现实参考意义。同时,希望本书研究有助于媒体更好地为受众服务,并为我国社会的良性发展和打造新型主流媒体奠定坚实的基础。

参考文献

[1] J.赫伯特·阿特休尔.权力的媒介[M].黄煜,裴志康,译.北京:华夏出版社,1989.

[2] 阿尔文·托夫勒.力量转移:临近 21 世纪时的知识、财富和暴力[M].刘炳章,卢佩文,张今,等译.北京:新华出版社,1996.

[3] 本书编写组.《中共中央关于加强党的执政能力建设的决定》辅导读本[M].北京:人民出版社,2004.

[4] 布赖恩·巴克斯特.生态主义导论[M].曾建平,译.重庆:重庆出版社,2007.

[5] 陈刚,等.新媒体与广告[M].北京:中国轻工业出版社,2002.

[6] 陈根.元宇宙时代[M].北京:电子工业出版社,2022.

[7] 陈佳,李亚虹.广播节目侵权现象探析[J].中国广播电视学刊,2006(9):55-56.

[8] 陈亚旭.媒介生态与地域性传播:中国地市报生存发展态势研究[M].桂林:广西师范大学出版社,2012.

[9] 成生辉.元宇宙:概念、技术及生态[M].北京:机械工业出版社,2022.

[10] 大卫·阿什德.传播生态学:控制的文化范式[M].邵志择,译.北京:华夏出版社,2003.

[11] 戴维·巴特勒.媒介社会学[M].赵伯英,孟春,译.北京:社会科学文献出版社,1989.

[12] 丹尼斯·麦奎尔.受众分析[M].刘燕南,李颖,杨振荣,译.北京:中国人民大学出版社,2006.

[13] 单波,王冰.西方媒介生态理论的发展及其理论价值与问题[J].新闻与传播研究,2006,13(3):2-13,93.

[14] 道格拉斯·凯尔纳.媒体奇观:当代美国社会文化透视[M].史安斌,译.北

京:清华大学出版社,2003.

[15]道格拉斯·凯尔纳.媒体文化:介于现代与后现代之间的文化研究、认同性与政治[M].丁宁,译.北京:商务印书馆,2013.

[16]董天策.新闻的倾向性从何而来:与何光珽先生商榷[J].新闻界,1998(4):10-11.

[17]董文.我国媒体社会责任缺失问题研究[D].济南:山东大学,2013.

[18]杜志红.传媒社会责任的缺失原因与实现路径[J].中国广播电视学刊,2006(7):10-12.

[19]段京肃.追求人与媒介的完美结合[J].广告大观(媒介版),2006(1):94-95.

[20]樊昌志.媒介生态位与媒体的生机[J].湘潭大学社会科学学报,2003,27(6):139-142.

[21]弗雷德里克·詹姆逊.文化转向[M].胡亚敏,等译.北京:中国社会科学出版社,2000.

[22]傅亦军.谈媒体社会责任的原则与对策[J].新闻实践,2010(12):25-27.

[23]甘惜分.新闻学大辞典[Z].郑州:河南人民出版社,1993.

[24]高钢.捍卫新闻真实[J].国际新闻界,2006(1):11-15.

[25]郭卫华.新闻侵权热点问题研究[M].北京:人民法院出版社,2000.

[26]哈罗德·伊尼斯.传播的偏向[M].何道宽,译.北京:中国人民大学出版社,2003.

[27]何锋.走出"医药热线"的经营怪圈[J].中国广播电视学刊,2004(9):74-75.

[28]何镇飚.从媒介生态角度谈广告自律:以《广播电视广告播放管理暂行办法》为例[J].当代传播,2004(2):71-72.

[29]赫伯特·马歇尔·麦克卢汉.理解媒介:论人的延伸[M].何道宽,译.北京:商务印书馆,2000.

[30]侯海涛.中国电视新闻媒介生态研究:转型期的媒介守望[M].北京:中国传媒大学出版社,2010.

[31]胡洪彬.电视媒体的社会责任分析[J].重庆工商大学学报(社会科学版),2011,28(1):17-22.

[32]胡锦涛.在世界媒体峰会开幕式上的致辞[J].中国记者,2009(11):4-5.

[33]胡婷婷.新形势下我国新闻媒体社会责任解构与重塑[J].编辑之友,2013
　　(6):82-84.

[34]胡正荣,李煜.社会透镜:新中国媒介变迁六十年[M].北京:清华大学出版
　　社,2010.

[35]黄瑚.新闻伦理学[M].北京:新华出版社,2001.

[36]黄琳.新媒体生态环境下新闻周刊内容生产研究[D].上海:上海大
　　学,2012.

[37]黄仁忠,王勇.论我国媒介生态变迁的三个阶段[J].今传媒,2013,21(1):
　　16-19.

[38]江波.媒体社会责任的体现及约束[J].新闻研究导刊,2006(3):12-14,31.

[39]江作苏.媒体建立社会责任报告制度势在必行[J].新闻战线,2014(1):
　　70-72.

[40]蒋建国.消费文化传播与媒体社会责任[M].北京:中国社会科学出版
　　社,2011.

[41]凯瑟林·福尔顿,周岩.新闻记者将会变得更为重要[J].新闻记者,2000
　　(11):89-90.

[42]蓝鸿文.新闻伦理学简明教程[M].北京:中国人民大学出版社,2001.

[43]李从军.媒体的社会责任和公益使命:在世界媒体峰会上的发言[J].中国
　　记者,2009(11):6-7.

[44]李良荣,张春华.诊断中国传媒娱乐化[J].新闻界,2007(6):13-15.

[45]李晚莲.突发性公共事件中媒体社会责任绩效评估[J].甘肃社会科学,
　　2010(1):139-142.

[46]李巍.论媒体社会责任的缺失与构建[J].科技创新导报,2011,8(36):252.

[47]李晓犇.媒体社会责任与人的价值选择:兼论"非诚勿扰"等相亲交友栏目
　　的推导效应[J].沈阳大学学报(自然科学版),2010,22(6):71-74.

[48]李运波,谢静.我们应当怎样监督媒体?:从云南聘请媒体义务监督员说起
　　[J].新闻记者,2010(1):45-48.

[49]林建宗.网络媒体社会责任推进机制的构建[J].中国集体经济,2010(18):
　　131-133.

[50]林建宗.网络媒体社会责任推进机制研究[J].科学决策,2010(12):25-32,91.

[51]刘凤军.基于社会责任的媒体品牌力初探[J].广告大观(理论版),2007(3):22-27.

[52]刘红玉."新闻广告"与媒体社会责任[J].青年记者,2005(12):60-61.

[53]刘九洲.新闻学范畴引论[M].武汉:华中师范大学出版社,1995.

[54]刘松焘,孙文生.用"独家视角"抢占现代媒体竞争制高点[J].新闻知识,2011(7):103-105.

[55]刘行芳,刘修兵.西方新闻理论概论[M].2版.武汉:武汉大学出版社,2011.

[56]刘远军.我国"媒介生态研究"述评[J].长江大学学报(社会科学版),2007,30(3):132-135.

[57]柳妮,郭清鉴.新闻媒体的社会责任与自律[J].青年记者,2007(14):164.

[58]陆扬,王毅.大众文化与传媒[M].上海:上海三联书店,2000.

[59]陆晔,等.媒介素养:理念、认知、参与[M].北京:经济科学出版社,2010.

[60]吕尚彬.中国大陆报纸转型[M].上海:上海交通大学出版社,2009.

[61]吕文凯.公共媒介与社会发展:关于近年来我国新闻改革的理论思考[J].郑州大学学报(哲学社会科学版),2004,37(4):141-144.

[62]罗伯特·W.麦克切斯尼.富媒体 穷民主:不确定时代的传播政治[M].谢岳,译.北京:新华出版社,2004.

[63]罗昕.网络舆论暴力的形成机制探究[J].当代传播,2008(4):78-80.

[64]罗以澄,等.新闻传媒发展与构建和谐社会关系研究[M].北京:经济科学出版社,2011.

[65]罗以澄,吕尚彬.中国社会转型下的传媒环境与传媒发展[M].武汉:武汉大学出版社,2010.

[66]梅尔文·德弗勒,桑德拉·鲍尔-洛基奇.大众传播学诸论[M].杜力平,译.北京:新华出版社,1990.

[67]弥尔顿.论出版自由:阿留帕几底卡[M].吴之椿,译.北京:商务印书馆,1958.

[68]尼尔·波兹曼.娱乐至死[M].章艳,译.桂林:广西师范大学出版社,2004.

[69]牛康.互联网传播媒体的社会影响与社会责任[J].福州大学学报(哲学社

会科学版),2003,17(3):39-42.

[70]欧阳麒.我国网络传播社会责任缺失研究[D].长沙:中南大学,2012.

[71]潘兵,翟志玲,袁新萍.广播医疗广告还能走多远?[J].青年记者,2006
(9):48-49.

[72]潘力,杨保林.困境与出路:新媒介生态下的中国交通广播[M].北京:中国
传媒大学出版社,2012.

[73]皮埃尔·布尔迪厄.关于电视[M].许钧,译.南京:南京大学出版社,2011.

[74]乔立娜,李鹏.政府信息公开工作制度与实施[M].北京:中国人事出版
社,2011.

[75]乔治·赫伯特·米德.心灵、自我与社会[M].霍桂桓,译.北京:华夏出版
社,1999.

[76]邱沛篁,蒋晓丽,吴建.媒介素质教育论集[M].成都:四川大学出版
社,2004.

[77]芮必峰,姜红.新闻报道方式论[M].合肥:安徽大学出版社,2001.

[78]邵培仁,等.媒介生态学:媒介作为绿色生态的研究[M].北京:中国传媒大
学出版社,2008.

[79]邵培仁.传播生态规律与媒介生存策略[J].新闻界,2001(5):26-27.

[80]邵培仁.论媒介生态的五大观念[J].新闻大学,2001(4):20-22,45.

[81]邵培仁.论媒介生态系统的构成、规划与管理[J].浙江师范大学学报(社会
科学版),2008,33(2):1-9.

[82]邵培仁.媒介生态学研究的新视野:媒介作为绿色生态的研究[J].徐州师
范大学学报(哲学社会科学版),2008(1):135-144.

[83]石晓峰.传播环境演变与媒体社会责任[J].现代视听,2008(10):41-43.

[84]时统宇.绿色收视率与媒体社会责任[J].中国广播电视学刊,2006(3):5.

[85]世界银行本书编写组.讲述的权利:大众媒体在经济发展中的作用[M].北
京:中国财政经济出版社,2005.

[86]宋炯明.当前中国新闻实践强调媒体的"社会责任"原因浅析[J].新闻记
者,2012(9):77-80.

[87]孙儒泳,李博,诸葛阳,等.普通生态学[M].北京:高等教育出版社,1993.

[88]孙旭培.通向新闻自由与法治的途中:孙旭培自选集[M].北京:知识产权出

版社,2013.

[89]塔特安娜·瑞普科瓦.《新时代》:打造专业化报纸[M].钟新,主译.北京:中国人民大学出版社,2004.

[90]唐娟.传媒、政府、政党:对近现代欧美国家传媒与政府关系之演进的历史考察[J].当代世界与社会主义,2000(4):14-20.

[91]唐弦,陈术合.文化担当:广电媒体社会责任的重思与重构[J].中国广播电视学刊,2012(10):31-33.

[92]滕丽.法治精神:我国媒体社会责任的价值向度[J].新闻知识,2007(12):6-8.

[93]田秀云,白臣.当代社会责任伦理[M].北京:人民出版社,2008.

[94]屠晶靓,强月新.台湾公共新闻学:"乌托邦"式的幻象—— 一种媒介生态学的视角[J].西安电子科技大学学报(社会科学版),2009,19(1):103-108.

[95]王宝红."媒体社会责任理论"视角下的公益广告[J].新闻世界,2010(8):158-159.

[96]王凤仙.关于《非诚勿扰》热播的冷思考:兼论媒体社会责任[J].今传媒,2010,18(11):66-67.

[97]王苦舟.论"媒介生态平衡"理念:对媒介环境学派理论的一点思考[J].东南传播,2009(4):104-105.

[98]王敏芝,南长森.从媒介生态看政治生态:孙志刚案件引发的思考[J].报刊之友,2003(5):57-59.

[99]王天定.谁的责任、向谁负责、负什么责任:浅议媒体社会责任的概念及特点[J].科学·经济·社会,2007,25(2):126-128.

[100]王学彦.从电视节目低俗化现象看政府规制[J].电影评介,2009(1):17-18.

[101]韦尔伯·斯拉姆,等.报刊的四种理论[M].中国人民大学新闻系,译.北京:新华出版社,1980.

[102]沃纳·赛佛林,小詹姆斯·坦卡德.传播理论:起源、方法与应用[M].郭镇之,等译.北京:华夏出版社,2000.

[103]奚从清.现代社会学导论[M].2 版.杭州:浙江大学出版社,2012.

[104]夏晓鸣,钱正,曹晓燕.广告文案写作[M].武汉:武汉大学出版社,2006.

[105]肖恩·麦克布赖德,等.多种声音,一个世界[M].中国对外翻译出版公司第二编译室,译.北京:中国对外翻译出版公司,1981.

[106]谢立文,欧阳谨文.媒介生态位与电视新闻栏目创新[J].电视研究,2004(12):38-39.

[107]谢胜文.论网络媒体的社会责任[J].湖南大众传媒职业技术学院学报,2005,5(6):45-47.

[108]谢新洲.媒介经营与管理[M].北京:北京大学出版社,2011.

[109]新闻自由委员会.一个自由而负责的新闻界[M].展江,王征,王涛,译.北京:中国人民大学出版社,2004.

[110]邢彦辉.传媒生态系统中的资源循环[J].当代传播,2006(3):23-24.

[111]徐国源,谷鹏.当代传媒生态学[M].上海:上海三联书店,2006.

[112]许永.优化媒体资源从认识媒介内生态开始[J].新闻知识,2002(11):19-23.

[113]严晓青.媒介社会责任研究:现状、困境与展望[J].当代传播,2010(2):38-41.

[114]颜春龙,刘远军.论网络时代媒介生态失衡的表征及其原因[J].河南师范大学学报(哲学社会科学版),2007,34(5):240-242.

[115]杨飚,姚劲松.广播电视的社会责任重在践行[J].中国广播电视学刊,2006(3):7-9.

[116]杨皓晖."限娱令"后电视媒介生态环境的危机与重建[J].当代传播,2012(2):49-51.

[117]杨立新.《侵权责任法》规定的网络侵权责任的理解与解释[J].国家检察官学院学报,2010,18(2):3-10.

[118]姚必鲜,蔡骐.论新媒介生态下受众、媒体和社会的多维互动[J].求索,2011(6):212-213.

[119]殷子然.从"整治互联网低俗之风"看网络媒体的社会责任[J].新闻界,2009(2):114-115.

[120]尹鸿.电视媒介:被忽略的生态环境——谈文化媒介生态意识[J].电视研究,1996(5):38-39.

[121] 余玉. 论新时期媒介生态现状及优化 [J]. 九江学院学报（社会科学版），2012（3）:98-103.

[122] 禹建强. 中国新闻媒体的"社会责任" [J]. 新闻与写作，2004（12）:24-26.

[123] 喻国明，杨雅，等. 元宇宙与未来媒介 [M]. 北京：人民邮电出版社，2022.

[124] 约翰·H. 麦克马那斯. 市场新闻业：公民自行小心？ [M]. 张磊，译. 北京：新华出版社，2004.

[125] 约翰·菲斯克. 解读大众文化 [M]. 杨全强，译. 南京：南京大学出版社，2001.

[126] 詹姆斯·W. 凯瑞. 作为文化的传播："媒介与社会"论文集 [M]. 丁未，译. 北京：华夏出版社，2005.

[127] 张春华. 传媒体制、媒体社会责任与公共利益：基于美国广播电视体制变迁的反思 [J]. 国际新闻界，2011，33（3）:58-64.

[128] 张国良，江潇. 上海网络受众的现状及发展趋势："上海市民与媒介生态"抽样调查报告（之二）[J]. 新闻记者，2000（8）:18-21.

[129] 张国良，李本乾. 上海网络受众的现状及发展趋势："上海市民与媒介生态"抽样调查报告（之三）[J]. 新闻记者，2000（9）:22-24.

[130] 张国良，廖圣清. 复旦大学新闻学院最新抽样调查表明——上海市民接触大众媒介的格局发生重大变化："上海市民与媒介生态"抽样调查报告（之一）[J]. 新闻记者，2000（7）:19-21.

[131] 张国良. 社会转型与媒介生态实证研究 [M]. 2版. 上海：上海交通大学出版社，2012.

[132] 张国良. 新闻媒介与社会 [M]. 上海：上海人民出版社，2001.

[133] 赵嵘鑫. 我国媒体社会责任现状及成因分析 [J]. 青年记者，2008（4）:36.

[134] 郑保卫. 冲突·融合：新闻传播与社会发展 [M]. 北京：新华出版社，2006.

[135] 郑保卫. 论社会转型与媒体责任 [J]. 东岳论丛，2011，32（1）:87-92.

[136] 郑保卫. 论中外不同文化语境下的媒体责任观 [J]. 西南民族大学学报（人文社会科学版），2010，31（1）:107-111.

[137] 郑保卫. 权力·责任·道德·法律：兼论新闻媒体的属性、职能及行为规范 [J]. 国际新闻界，2005（4）:43-47.

[138] 郑保卫. 新闻理论新编 [M]. 北京：中国人民大学出版社，2007.

[139]郑保卫.中国共产党新闻思想史[M].福州:福建人民出版社,2004.

[140]郑素侠.网络媒体社会责任与商业利益的平衡[J].中州大学学报,2005,22(2):81-83.

[141]郑兴东.受众心理与传媒引导[M].修订本.北京:新华出版社,2004.

[142]支庭荣.大众传播生态学[M].杭州:浙江大学出版社,2004.

[143]支庭荣.媒介管理[M].3 版.广州:暨南大学出版社,2009.

[144]中共中央马克思恩格斯列宁斯大林著作编译局.马克思恩格斯选集:第四卷[M].北京:人民出版社,1972.

[145]钟以谦.媒体与广告[M].北京:中国人民大学出版社,2001.

[146]周庆山,骆杨.网络媒介生态的跨文化冲突与伦理规范[J].现代传播(中国传媒大学学报),2010,32(3):42-45.

[147]周善.从食品安全报道看媒体社会责任[J].新闻实践,2007(5):20-21.

[148]周翼虎.媒体的转型动力学:新时期新闻媒介的社会责任[J].青年记者,2008(11):14-17.